한국어능력시험

TOPIK I
실전 모의고사

Practice Test

다락원

한국어능력시험
TOPIK I 실전 모의고사

Intensive Course for TOPIK I Success :
Practice Test

지은이 전나영, 손성희
펴낸이 정규도
펴낸곳 (주)다락원

초판 1쇄 발행 2025년 1월 10일

기획 권혁주, 김태광
편집 이후춘, 김효은, 박소영

디자인 최예원, 김민정

DARAKWON
경기도 파주시 문발로 211
내용문의: (02)736-2031 내선 291~296
구입문의: (02)736-2031 내선 250~252
Fax: (02)732-2037
출판등록 1977년 9월 16일 제406-2008-000007호

Copyright©2025, 전나영, 손성희

저자 및 출판사의 허락 없이 이 책의 일부 또는 전부를 무단 복제·전재·발췌할 수 없습니다. 구입 후 철회는 회사 내규에 부합하는 경우에 가능하므로 구입문의처에 문의하시기 바랍니다. 분실·파손 등에 따른 소비자 피해에 대해서는 공정거래위원회에서 고시한 소비자 분쟁 해결 기준에 따라 보상 가능합니다. 잘못된 책은 바꿔 드립니다.

---

http://www.darakwon.co.kr

다락원 홈페이지를 방문하시면 상세한 출판 정보와 함께 MP3 자료 등 다양한 어학 정보를 얻으실 수 있습니다.

한국어능력시험
TOPIK I
실전 모의고사
Practice Test

머리말

전 세계적으로 K-컬처의 영향력이 커지면서 한국의 문화나 콘텐츠, 한국어에 대해 관심을 가지는 외국인이 지속적으로 증가하는 추세이다. 이에 따라 외국에서의 한국어 입지도 넓어져 외국 대학에서 한국어과를 개설하거나 한국어를 대입 시험과목으로 채택하는 국가가 많아지고 있다. 또한 한국 대학에서 공부하거나 한국 기업에 취업하고 싶어 하는 외국인의 수요도 늘어가고 있다.

한국어능력시험(TOPIK)은 한국어 사용 능력을 측정·평가할 수 있는 시험으로 한국에서 유학하거나 취업하고자 하는 외국인이라면 이 시험에 응시하여 각 요건을 충족시킬 수 있는 자격을 획득해야 한다. 한국어능력시험의 등급을 인정하는 기관이 많아지면서 응시자도 더욱 많아질 전망이다. 한국어능력시험의 응시자 수요가 많아짐에 따라 시험 시행 횟수가 늘어나고 있으며 시험을 실시하는 해외 지역도 확장되고 있다. 또한 인터넷 기반 시험(IBT)을 도입하여 더 많은 학습자가 시간과 장소의 제한 어려움 없이 응시할 수 있도록 편의를 제공하고 있다.

이에 따라 이 책은 한국어능력시험을 준비하는 학습자를 위해 기획되었다. 한국어능력시험을 준비하면서 가장 중요한 것은 시험 문제의 경향에 대한 파악과 다양한 문제 풀이를 통한 충분한 연습이다. 이 책에서는 학습자가 문제를 풀 때 어떤 점에 중점을 두고 문제를 이해해야 하는지 전략적으로 파악할 수 있도록 제시하였다. 또한 시험 경향에 맞춘 문제를 풀어봄으로써 문제 풀이 능력을 향상시킬 수 있도록 구성하였다.

이 책으로 한국어능력시험을 준비하는 학습자들이 필요한 자격을 얻을 수 있기를 바라며 한국 생활이나 업무 수행에 필요한 언어 기능을 정확하고 유창하게 수행하여 정치, 경제, 사회, 문화 전반에 걸쳐 자유롭게 이해하고 사용할 수 있기를 기대한다.

CHINESE VER.

JAPANESE VER.

VIETNAMESE VER.

Preface

As the influence of K-culture grows worldwide, the number of foreigners interested in Korean culture, content, and language continues to increase. Accordingly, the position of Korean language abroad is also expanding, with many foreign universities establishing Korean language departments or adopting Korean as a college entrance exam subject. Furthermore, the demand from foreigners who want to study at Korean universities or work for Korean companies is also increasing.

The Test of Proficiency in Korean (TOPIK) is an examination that measures and evaluates Korean language proficiency. Foreigners who wish to study or work in Korea must take this test and obtain the necessary qualifications to meet the requirements. With more institutions recognizing TOPIK scores, the number of test-takers is expected to increase further. In response to the growing demand, the number of test administrations has increased, and the overseas regions where the test is conducted have expanded. In addition, the Internet-Based Test (IBT) has been introduced to provide more learners with the convenience of taking the test without the limitations of time and place.

Therefore, this book was planned for learners preparing for the TOPIK. The most important thing when preparing for the TOPIK is to understand the trends of the test questions and to practice sufficiently through various problem-solving exercises. This book strategically presents how learners should focus on understanding the questions when solving them. It is also designed to improve problem-solving skills by practicing questions that match the exam trends.

We hope that learners preparing for the TOPIK with this book will be able to obtain the necessary qualifications. We also hope that they will be able to accurately and fluently perform the language functions necessary for life or work in Korea, and freely understand and use the Korean language in all aspects of politics, economy, society, and culture.

이 책의 특징

이 책은 한국어능력시험 TOPIK I을 응시하고자 하는 학습자를 위한 교재로 총 5회분의 모의고사로 구성하였다. 실전 모의고사를 풀기에 앞서 듣기·읽기 시험의 학습 방법과 시험 유형을 정리하여 학습자들이 시험 유형을 한 번에 파악할 수 있도록 하였다. 실제 시험의 난이도와 유형에 맞춰 구성한 실전 모의고사를 풀어 보면서 시험을 완벽하게 준비할 수 있다.

This book is a textbook for learners who want to take the Test of Proficiency in Korean TOPIK I and consists of 5 practice tests. Before taking the practice test, the learning methods and test types of the listening and reading tests are organized so that learners could grasp the test types at once. You can perfectly prepare for the test by taking the practice test, which is configured according to the difficulty and type of the actual test.

PART 1 듣기·읽기 시험 분석 Listening & Reading examination analysis

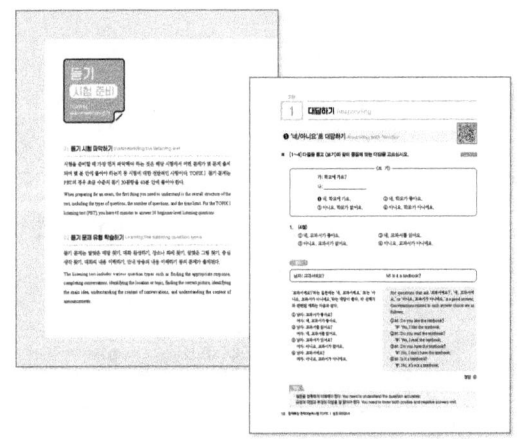

【듣기 파일】

듣기·읽기 시험의 학습 방법을 제시하였고 영역별로 출제되는 유형을 정리하였다. 또한 예시 문제와 해설을 함께 제시하여 시험의 흐름을 한 번에 확인할 수 있도록 하였다. 듣기 음성 파일은 다락원 홈페이지(www.darakwon.co.kr)에서 다운로드 할 수 있다. 기본 음성과 실제 시험장 스피커에서 들리는 음성 두 가지로 연습해 볼 수 있다.

Learning methods for listening·reading tests are presented, and the types of questions by area are summarized. In addition, example questions and explanations are presented together so that the flow of the test can be checked at once. Audio files for listening can be downloaded from the Darakwon website (www.darakwon.co.kr). You can practice with two types of sounds: the basic sound and the sound heard from the actual test site speakers.

Features of this book

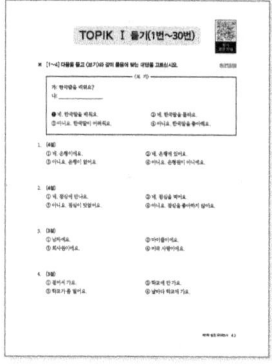

PART 2 실전 모의고사 Practice test

실제 TOPIK 시험과 유사한 난이도와 구성에 맞춰 5회분의 모의고사를 수록하여 학습자들이 실전 시험 감각을 높일 수 있도록 구성하였다. 실제 시험 시간에 맞춰 모의고사 문제를 풀어 보고 이해하기 어려운 부분은 따로 체크해 두어 복습을 하도록 한다.

Five practice tests are included in accordance with the difficulty and composition similar to the actual TOPIK test so that learners can improve their actual test sense. Solve the test questions according to the actual test time, and check the difficult parts separately for review.

[책 속의 책] 정답 및 풀이 [Separate volume] Answer&Explanation

모든 문제마다 문제의 핵심을 파악할 수 있도록 풀이를 제공하여 학습자들이 문제를 완벽하게 이해할 수 있게 하였다.

It provides explanation for each question so that you can grasp the core of the question, so that learners can fully understand the question.

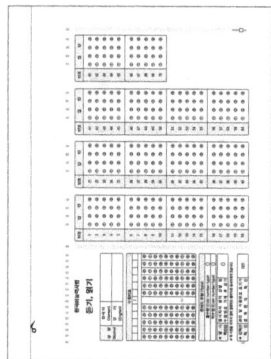

OMR 답안지 OMR Answer sheet

실제 시험처럼 OMR 답안지 작성 연습을 해 보세요.

Practice filling out the OMR card answer sheet you would in a real exam.

TOPIK I 시험 안내

01 시험 목적
- 한국어를 모국어로 하지 않는 재외동포·외국인의 한국어 학습 방향 제시 및 한국어 보급 확대
- 한국어 사용 능력을 측정·평가하여 그 결과를 국내 대학 유학 및 취업 등에 활용

02 응시 대상
응시 자격 제한이 없으나 재외동포 및 한국어를 모국어로 사용하지 않는 외국인 한국어 학습자 및 국내 대학 유학 희망자, 국내외 한국 기업체 및 공공기관 취업 희망자, 외국 학교에 재학 중이거나 졸업한 재외국민

03 시험의 주요 활용처
- 외국인 및 재외동포의 국내 대학(원) 입학 및 졸업
- 정부 초청 외국인 장학생 프로그램 진학 및 학사관리
- 국내외 기업체 및 공공기관 취업
- 국외 대학의 한국어 관련 학과 학점 및 졸업요건
- 영주권/취업 등 체류비자 취득

04 토픽 I PBT 시험 수준 및 평가 등급

영역	시험시간	유형	문항수	배점	급수 구분 점수
듣기	100분	선택형 (4지선다형)	30문	100점	1급 80~139점
읽기			40문	100점	2급 140~200점

05 등급별 평가 기준

1급	자기 소개하기, 물건 사기, 음식 주문하기 등 생존에 필요한 기초적인 언어 기능을 수행할 수 있으며 자기 자신, 가족, 취미, 날씨 등 매우 사적이고 친숙한 화제에 관련된 내용을 이해하고 표현할 수 있다. 약 800개의 기초 어휘와 기본 문법에 대한 이해를 바탕으로 간단한 문장을 생성할 수 있다. 또한 간단한 생활문과 실용문을 이해하고, 구성할 수 있다.
2급	전화하기, 부탁하기 등의 일상생활에 필요한 기능과 우체국, 은행 등의 공공시설 이용에 필요한 기능을 수행할 수 있다. 약 1,500~2,000개의 어휘를 이용하여 사적이고 친숙한 화제에 관해 문단 단위로 이해하고 사용할 수 있다. 공식적 상황과 비공식적 상황에서의 언어를 구분해 사용할 수 있다.

TOPIK I Exam Information

01 Test Purpose

- To provide guidance on Korean language learning directions for overseas Koreans and foreigners whose native language is not Korean, and to expand the spread of the Korean language
- To measure and evaluate Korean language proficiency and utilize the results for studying abroad at domestic universities, employment, and other purposes

02 Target Test Takers

There are no restrictions on eligibility, but it is intended for overseas Koreans and foreign learners of Korean whose native language is not Korean, as well as those who wish to study at domestic universities, those who wish to work for Korean companies or public institutions at home and abroad, and overseas Koreans who are currently attending or have graduated from foreign schools

03 Main Uses of the Test

- Admission and graduation from domestic universities (graduate schools) for foreigners and overseas Koreans
- Admission and academic management of government-invited foreign scholarship programs
- Employment at domestic and foreign companies and public institutions
- Credits and graduation requirements for Korean language-related departments at overseas universities
- Obtaining permanent residency/work visas and other types of stay visas

04 TOPIK I PBT Test Level and Evaluation Grades

Category	Test Time	Type	Number of Questions	Points	Level
Listening	100 minutes	Multiple Choice (4 options)	30	100	Level 1 80~139
Reading			40	100	Level 2 140~200

05 Evaluation Criteria by Grade

Level 1	Can perform basic language functions necessary for survival, such as introducing oneself, buying things, and ordering food. Can understand and express content related to very personal and familiar topics such as oneself, family, hobbies, and weather. Can create simple sentences based on understanding of approximately 800 basic vocabulary words and basic grammar. And can understand and compose simple daily life texts and practical texts.
Level 2	Can perform functions necessary for daily life such as making phone calls and asking for favors, as well as functions necessary for using public facilities such as post offices and banks. Can understand and use paragraphs about personal and familiar topics using approximately 1,500 to 2,000 vocabulary words. Can distinguish between formal and informal language use in different situations.

목차 Contents

- **머리말** Preface · 004
- **이 책의 특징** Features of this book · 006
- **TOPIK I 시험 안내** TOPIK I Exam Information · 008

PART 1 듣기·읽기 시험 분석 Listening & Reading examination analysis

듣기 시험 준비 · 014
Listening examination preparation

읽기 시험 준비 · 026
Reading examination preparation

PART 2 실전 모의고사 Practice test

제1회 실전 모의고사 · 041
1st Practice test

제2회 실전 모의고사 · 069
2nd Practice test

제3회 실전 모의고사 · 097
3rd Practice test

제4회 실전 모의고사 · 125
4th Practice test

제5회 실전 모의고사 · 153
5th Practice test

[책 속의 책] 정답 및 풀이 [Separate volume] Answer&Explanation

제1회 실전 모의고사 정답 및 풀이 ········· 003
1st Practice test answer&explanation

제2회 실전 모의고사 정답 및 풀이 ········· 014
2nd Practice test answer&explanation

제3회 실전 모의고사 정답 및 풀이 ········· 025
3rd Practice test answer&explanation

제4회 실전 모의고사 정답 및 풀이 ········· 036
4th Practice test answer&explanation

제5회 실전 모의고사 정답 및 풀이 ········· 047
5th Practice test answer&explanation

OMR 답안지 OMR answer sheet

PART 1
듣기·읽기 시험 분석
Listening & Reading examination analysis

■ **듣기 시험 준비**
Listening examination preparation

■ **읽기 시험 준비**
Reading examination preparation

01 듣기 시험 파악하기 Understanding the listening test

시험을 준비할 때 가장 먼저 파악해야 하는 것은 해당 시험에서 어떤 문제가 몇 문제 출제되며 몇 분 안에 풀어야 하는지 등 시험에 대한 전반적인 사항이다. TOPIKⅠ 듣기 문제는 PBT의 경우 초급 수준의 듣기 30문항을 40분 안에 풀어야 한다.

When preparing for an exam, the first thing you need to understand is the overall structure of the test, including the types of questions, the number of questions, and the time limit. For the TOPIK I listening test (PBT), you have 40 minutes to answer 30 beginner-level listening questions.

02 듣기 문제 유형 학습하기 Learning the listening question types

듣기 문제는 알맞은 대답 찾기, 대화 완성하기, 장소나 화제 찾기, 알맞은 그림 찾기, 중심 생각 찾기, 대화의 내용 이해하기, 안내 방송의 내용 이해하기 등의 문제가 출제된다.

The listening test includes various question types such as finding the appropriate response, completing conversations, identifying the location or topic, finding the correct picture, identifying the main idea, understanding the content of conversations, and understanding the content of announcements.

03 정해진 시간 안에 문제 풀기 Solving the questions within the time limit

혼자 학습할 때는 음성 녹음을 들은 뒤 정답을 고르는 시간이 자유롭지만 실제 시험에서는 시험 시간이 한정되어 있다. 따라서 혼자서 연습할 때에도 일정한 시간 내에 듣기 문제를 풀 수 있도록 시간을 정해 놓고 학습해야 한다.

When studying alone, you have the freedom to choose how much time you spend listening to the audio recordings and selecting the answers. However, in the actual exam, the test time is limited. Therefore, even when practicing alone, you should set a specific time limit and practice solving the listening questions within that time frame.

04 듣기 지문 복습하기 Reviewing listening passages

〈듣기 지문〉 음성 녹음 파일을 다시 들으면서 해당 지문에서 나온 어휘, 표현을 확실하게 익힌다. 지문에서 모르는 어휘나 표현을 체크해 두고 그 내용을 추가로 학습하며 다시 한 번 들을 때는 발음에 유의해서도 들어 본다.

Listen to the audio recordings again while reviewing the corresponding passages to thoroughly familiarize yourself with the vocabulary and expressions used. Mark any unfamiliar words or expressions in the passages for further study, and pay attention to pronunciation when listening again.

대답하기 Responding

❶ '네/아니요'로 대답하기 Answering with 'Yes/No'

※ [1~4] 다음을 듣고 〈보기〉와 같이 물음에 맞는 대답을 고르십시오. `Track 01`

―――〈 보 기 〉―――

가: 학교에 가요?
나: _____

❶ 네. 학교에 가요.　　　② 네. 학교가 좋아요.
③ 아니요. 학교가 없어요.　　④ 아니요. 학교가 아니에요.

1. (4점)
① 네. 교과서가 좋아요.　　② 네. 교과서를 읽어요.
③ 아니요. 교과서가 없어요.　　④ 아니요. 교과서가 아니에요.

풀이

| 남자: 교과서예요? | M: Is it a textbook? |

'교과서예요?'라는 질문에는 '네. 교과서예요.' 또는 '아니요. 교과서가 아니에요.'라는 대답이 좋다. 각 선택지와 관련된 대화는 다음과 같다.

① 남자: 교과서가 좋아요?
　여자: 네. 교과서가 좋아요.
② 남자: 교과서를 읽어요?
　여자: 네. 교과서를 읽어요.
③ 남자: 교과서가 있어요?
　여자: 아니요. 교과서가 없어요.
④ 남자: 교과서예요?
　여자: 아니요. 교과서가 아니에요.

For questions that ask '교과서예요?', '네. 교과서예요.' or '아니요. 교과서가 아니에요.' is a good answer. Conversations related to each answer choice are as follows.

① M: Do you like the textbook?
　W: Yes, I like the textbook.
② M: Do you read the textbook?
　W: Yes, I read the textbook.
③ M: Do you have the textbook?
　W: No, I don't have the textbook.
④ M: Is it a textbook?
　W: No, it's not a textbook.

정답 ④

TIP

- 질문을 정확하게 이해해야 한다. You need to understand the question accurately.
- 긍정의 대답과 부정의 대답을 잘 알아야 한다. You need to know both positive and negative answers well.

❷ 의문사 질문에 대답하기 Answering questions with interrogative words

※ [1~4] 다음을 듣고 〈보기〉와 같이 물음에 맞는 대답을 고르십시오. Track 02

〈보 기〉

가: 학교에 가요?
나: _____

❶ 네. 학교에 가요.　　　　　② 네. 학교가 좋아요.
③ 아니요. 학교가 없어요.　　④ 아니요. 학교가 아니에요.

4. (3점)

① 지하철로 갔어요.　　　　② 옷을 사러 갔어요.
③ 어제 오후에 갔어요.　　　④ 친구와 같이 갔어요.

풀이

| 여자: 왜 백화점에 갔어요? | W: Why did you go to the department store? |

'왜 백화점에 갔어요?'라는 질문에는 백화점에 간 이유를 대답해야 한다. 그러므로 '신발을 사러 갔어요.' 또는 '옷을 사러 갔어요.' 등의 대답이 좋다. 각 선택지와 관련된 대화는 다음과 같다.

① 여자: 백화점에 어떻게 갔어요?
　남자: 지하철로 갔어요.
② 여자: 왜 백화점에 갔어요?
　남자: 옷을 사러 갔어요.
③ 여자: 언제 백화점에 갔어요?
　남자: 어제 오후에 갔어요.
④ 여자: 누구와 같이 백화점에 갔어요?
　남자: 친구와 같이 갔어요.

For questions that ask '왜 백화점에 갔어요?', you should answer with the reason for going to the department store. Therefore, answers like '신발을 사러 갔어요.' or '옷을 사러 갔어요.' are good. Here are some conversations related to each answer choice.

① W: How did you go to the department store?
　M: I went by subway.
② W: Why did you go to the department store?
　M: I went to buy clothes.
③ W: When did you go to the department store?
　M: I went yesterday afternoon.
④ W: Who did you go to the department store with?
　M: I went with a friend.

정답 ②

TIP

- 질문을 정확하게 알아야 한다. You need to understand the question accurately.
- 의문사의 의미를 잘 이해해야 한다. You need to understand the meaning of the interrogative word well.

❸ 대화 완성하기 Completing conversations

※ [5~6] 다음을 듣고 〈보기〉와 같이 물음에 맞는 대답을 고르십시오.　　　Track 03

〈보 기〉

가: 안녕히 가세요.

나: _____

① 어서 오세요.　　　　　② 안녕하세요.
❸ 안녕히 계세요.　　　　④ 안녕히 주무세요.

5. (4점)
① 잘 먹겠습니다.　　　　② 잘 지냈습니다.
③ 네. 괜찮습니다.　　　　④ 네. 그렇습니다.

풀이

| 남자: 맛있게 드세요. | M: Enjoy your meal. |

'맛있게 드세요.'라는 인사에는 '잘 먹겠습니다.' 또는 '맛있게 먹겠습니다.'라는 대답이 좋다. 각 선택지와 관련된 대화는 다음과 같다.

① 남자: 맛있게 드세요.
　 여자: 잘 먹겠습니다.
② 남자: 잘 지냈어요?
　 여자: 잘 지냈습니다.
③ 남자: 괜찮아요?
　 여자: 네. 괜찮습니다.
④ 남자: 유키 씨입니까?
　 여자: 네. 그렇습니다.

To the greeting '맛있게 드세요.', '잘 먹겠습니다.' or '맛있게 먹겠습니다.' is a good response. Conversations related to each answer choice are as follows.

① M: Enjoy your meal.
　 W: I will eat well.
② M: How have you been?
　 W: I've been well.
③ M: Are you okay?
　 W: Yes, I'm okay.
④ M: Are you Yuki?
　 W: Yes, that's me.

정답 ①

TIP
- 다양한 인사 표현을 알아야 한다. You need to know various greeting expressions.
- 인사 표현에 대한 대답을 알아야 한다. You need to know the responses to greeting expressions.

유형 2 전체 내용 이해하기 Understanding the overall content

❶ 장소 찾기 Finding the location

※ [7~10] 여기는 어디입니까? 〈보기〉와 같이 알맞은 것을 고르십시오. `Track 04`

─── 〈보 기〉 ───
가: 뭘 드릴까요?
나: 비빔밥 하나하고 김치찌개 이 인분 주세요.

① 서점   ❷ 식당   ③ 편의점   ④ 백화점

7. (3점)
① 꽃집   ② 빵집   ③ 옷 가게   ④ 과일 가게

풀이

남자: 장미꽃 10송이 주세요.	M: Please give me 10 roses.
여자: 네. 잠깐만 기다리세요.	W: Okay. Please wait a moment.

두 사람은 꽃집에서 이야기하고 있다. 각 선택지와 관련된 대화는 다음과 같다.

① 꽃집
  남자: 장미꽃 10송이 주세요.
  여자: 네. 잠깐만 기다리세요.
② 빵집
  남자: 뭘 드릴까요?
  여자: 이 딸기 케이크를 주세요.
③ 옷 가게
  남자: 바지 좀 보여 주세요.
  여자: 여기 있습니다.
④ 과일 가게
  남자: 이 사과는 얼마예요?
  여자: 한 개에 2,000원입니다.

Two people are talking in a flower shop. Here are the conversations related to each answer choice.

① flower shop
  M: Please give me 10 roses.
  W: Okay. Please wait a moment.
② bakery
  M: What can I get for you?
  W: I'll take this strawberry cake, please.
③ clothing store
  M: Please show me some pants.
  W: Here they are.
④ fruit store
  M: How much are these apples?
  W: They are 2,000 won each.

정답 ①

TIP
- 장소 명사를 정확하게 이해해야 한다. You need to accurately understand the nouns that indicate places.
- 해당 장소와 관련이 있는 단어를 알아야 한다. You need to know words related to the place.
- 해당 장소에서 자주 하는 대화를 알아야 한다. You need to know conversations that frequently take place in that place.

❷ 화제 찾기 | Finding the topic

※ [11~12] 다음은 무엇에 대해 말하고 있습니까? 〈보기〉와 같이 알맞은 것을 고르십시오. Track 05

〈보 기〉

가: 동생이 있어요?
나: 아니요. 언니만 있어요.

① 고향　　　② 나이　　　❸ 가족　　　④ 나라

11. (3점)

① 시간　　　② 날씨　　　③ 날짜　　　④ 국적

풀이

남자: 어느 나라 사람이에요?	M: What country are you from?
여자: 중국 사람이에요.	W: I'm from China.

두 사람은 국적에 대해서 이야기하고 있다. 각 선택지와 관련된 대화는 다음과 같다.

① 시간
　남자: 지금 몇 시예요?
　여자: 2시 10분이에요.
② 날씨
　남자: 오늘은 추워요?
　여자: 네. 좀 추워요.
③ 날짜
　남자: 오늘이 며칠이에요?
　여자: 5월 3일이에요.
④ 국적
　남자: 어느 나라 사람이에요?
　여자: 중국 사람이에요.

Two people are talking about nationality. Conversations related to each answer choice are as follows.

① time
　M: What time is it now?
　W: It's 2:10.
② weather
　M: Is it cold today?
　W: Yes, it's a bit cold.
③ date
　M: What's the date today?
　W: It's May 3rd.
④ nationality
　M: What country are you from?
　W: I'm from China.

정답 ④

TIP

- 두 사람의 대화를 정확하게 이해해야 한다. You need to understand the conversation between the two people accurately.
- 무엇에 대해 이야기하는지 잘 알아야 한다. You need to know what they are talking about.

❸ 알맞은 그림 찾기 Finding the correct picture

※ [15~16] 다음을 듣고 가장 알맞은 그림을 고르십시오. (각 4점) Track 06

15. ①  ②

③  ④

> 풀이

| 여자: 짧은 치마가 있어요? | W: Do you have short skirts? |
| 남자: 여기 있습니다. | M: Here it is. |

짧은 치마를 찾는 손님과 짧은 치마를 보여 주는 점원의 대화이다. 각 그림과 관련된 대화는 다음과 같다.

① 남자: 짧은 치마가 잘 어울려요.
   여자: 이 치마는 얼마예요?
② 여자: 긴 치마가 있어요?
   남자: 네, 저쪽에 긴 치마가 있어요.
③ 여자: 짧은 치마가 있어요?
   남자: 여기 있습니다.
④ 남자: 예쁘게 포장해 드리겠습니다.
   여자: 감사합니다.

A customer is looking for a short skirt and a clerk is showing them a short skirt. Here are the conversations related to each picture.
① M: The short skirt looks good on you.
   W: How much is this skirt?
② W: Do you have long skirts?
   M: Yes, there are long skirts over there.
③ W: Do you have short skirts?
   M: Here it is.
④ M: I'll wrap it up nicely for you.
   W: Thank you.

정답 ③

> TIP

· 그림의 장소를 잘 알아야 한다. You need to know the places in the pictures well.
· 두 사람의 대화를 정확하게 이해해야 한다. You need to understand the conversation between the two people accurately.

❹ 중심 생각 찾기 Finding the main idea

※ [22~24] 다음을 듣고 <u>여자의</u> 중심 생각을 고르십시오. (각 3점) Track 07

22. ① 6시에 꼭 퇴근을 해야 합니다.
② 건강이 좋지 않으면 쉬어야 합니다.
③ 회사 일이 많으면 야근을 해야 합니다.
④ 자주 늦게까지 일하는 것은 좋지 않습니다.

풀이

여자: 민철 씨, 6시인데 퇴근을 안 해요? 남자: 네. 일이 많아서 지금 퇴근할 수 없어요. 여자: 그래도 너무 야근을 많이 하면 건강에 안 좋아요. 오늘은 좀 쉬세요. 남자: 저도 쉬고 싶은데 오늘까지 이 일을 다 해야 해요.	W: Mincheol, it's 6 o'clock, aren't you leaving work? M: No, I can't leave work now because I have a lot of work. W: But if you work too much overtime, it's not good for your health. Get some rest today. M: I want to rest too, but I have to finish this work by today.

여자는 회사 일이 많아도 야근을 자주 하면 건강에 좋지 않으니까 오늘은 쉬는 것이 좋다고 생각한다.

The woman thinks that even if there's a lot of work at the company, it's not good for his health to work overtime often, so it's better to rest today.

정답 ④

TIP
- 두 사람이 무엇에 대해서 이야기하는지 알아야 한다. You need to understand what the two people are talking about.
- 여자의 생각이 무엇인지 알아야 한다. You need to understand what the woman is thinking.

유형 3 세부 내용 이해하기 Understanding specific details

❶ 대화의 내용 이해하기 Understanding the content of the conversation

※ [17~21] 다음을 듣고 〈보기〉와 같이 대화 내용과 같은 것을 고르십시오. (각 3점) Track 08

〈보 기〉

여자: 무슨 운동을 자주 해요?
남자: 저는 축구를 자주 합니다. 가끔 야구도 해요.

① 여자는 운동을 좋아합니다.　　② 여자는 축구를 좋아합니다.
❸ 남자는 자주 운동을 합니다.　　④ 남자는 야구를 좋아하지 않습니다.

17. ① 여자는 오늘 지각했습니다.
　　② 여자는 요즘 일이 많습니다.
　　③ 남자는 오늘 일찍 일어났습니다.
　　④ 남자는 알람 소리를 듣지 못했습니다.

풀이

여자: 민수 씨, 오늘 왜 지각했어요? 남자: 오늘 아침에 늦잠을 잤어요. 알람 소리를 못 들어서 늦게 일어났어요. 여자: 요즘 일이 많아서 힘들지요?	W: Minsu, why were you late today? M: I overslept this morning. I didn't hear the alarm and woke up late. W: It's tough with a lot of work these days, right?

① 남자는 오늘 지각했습니다.　　　　　　　① The man was late today.
② 남자는 요즘 일이 많습니다.　　　　　　　② The man has a lot of work these days.
③ 남자는 오늘 늦게 일어났습니다.　　　　　③ The man woke up late today.
④ 남자는 알람 소리를 듣지 못했습니다.　　④ The man didn't hear the alarm.

정답 ④

TIP
- 두 사람의 대화를 정확하게 이해해야 한다. You need to understand the conversation between the two people well.
- 남자의 이야기와 여자의 이야기를 정확하게 구별해야 한다. You need to accurately distinguish between the man's story and the woman's story.

❷ 안내 방송의 내용 이해하기 Understanding the content of announcement

※ [25~26] 다음을 듣고 물음에 답하십시오. 　　　　　　　　　　　Track 09

26. 들은 내용과 같은 것을 고르십시오. (4점)

① 이 기차는 부산에서 출발합니다.
② 이 기차에서 음식을 먹을 수 없습니다.
③ 이 기차를 타면 대전에서 내릴 수 있습니다.
④ 이 기차는 서울에서 부산까지 3시간 30분 걸립니다.

여자: (딩동댕) 승객 여러분, 안녕하십니까? 이 기차는 서울역을 출발하여 대전, 동대구를 지나 부산까지 가는 열차입니다. 2시에 서울역을 출발하여 3시 대전역, 3시 50분에 동대구역, 4시 30분에 부산역에 도착할 예정입니다. 8호차는 식당차입니다. 간단한 식사와 음료가 준비되어 있으니까 이용하시기 바랍니다. 감사합니다. (딩동댕)

W: (Ding Dong Dang) Attention passengers. This train is departing from Seoul Station and will pass through Daejeon and Dongdaegu on its way to Busan. It is scheduled to depart Seoul Station at 2 o'clock, arrive at Daejeon Station at 3 o'clock, Dongdaegu Station at 3:50, and Busan Station at 4:30. Car number 8 is the dining car. Light meals and drinks are available, so please feel free to use it. Thank you. (Ding Dong Dang)

---

① 이 기차는 서울에서 출발합니다.
② 이 기차에 식당칸이 있어서 음식을 먹을 수 있습니다.
③ 이 기차를 타면 대전에서 내릴 수 있습니다.
④ 이 기차는 서울에서 부산까지 2시간 30분 걸립니다.

① This train departs from Seoul.
② This train has a dining car, so you can eat.
③ You can get off at Daejeon if you take this train.
④ This train takes 2 hours and 30 minutes from Seoul to Busan.

정답 ③

TIP
- 안내 방송의 내용을 구체적으로 잘 이해해야 한다. You need to understand the specific details of the announcement.
- 안내 방송에 자주 나오는 단어를 알아야 한다. You need to know the words that frequently appear in announcements.

MEMO

01 읽기 시험 파악하기 Understanding the reading test

읽기 시험 문제는 대부분 지문을 읽고 풀어야 하므로 글을 읽고 문맥을 파악할 수 있어야 한다. TOPIK I 읽기 문제는 PBT의 경우 초급 수준의 읽기 40문항을 60분 안에 풀어야 한다.

Most reading test questions require you to read a passage and understand the context, so you need to be able to read and comprehend the text. The TOPIK I reading test (PBT) consists of 40 beginner-level reading questions that must be completed within 60 minutes.

02 읽기 문제 유형 학습하기 Learning the reading question types

읽기 문제는 알맞은 표현(동사, 명사, 형용사, 부사, 조사, 접속사, 연결어미, 문형) 찾기, 주제 및 중심 내용 등 전체 내용 이해하기, 글의 세부적인 내용 이해하기, 글의 순서 파악하기 등의 문제가 출제된다.

Reading questions include finding appropriate expressions (verbs, nouns, adjectives, adverbs, particles, conjunctions, connective endings, sentence patterns), understanding the overall content such as the topic and main idea, understanding the specific details of the text, and understanding the order of the text.

03 표현 및 문법 익히기 Learning expressions and grammar

읽기 시험에서는 내용 이해와 더불어 문맥에 맞는 문법 표현이나 어휘를 적절하게 사용할 수 있는지 확인하는 문제가 출제된다. 어휘 간의 유사한 표현이나 반대 표현, 문장 구조도 잘 이해해야 한다.

In addition to comprehension, the reading test includes questions that check whether you can appropriately use grammatical expressions or vocabulary that fit the context. You also need to understand similar or opposite expressions between vocabulary words and sentence structures.

04 읽기 지문 복습하기 Reviewing reading passages

<읽기 지문>을 다시 한번 복습하면서 다양한 글을 접하고 익히는 것이 중요하다. 지문 내용에서 모르는 어휘나 표현은 추가적으로 학습한다.

It is important to review the <Reading Passages> again and become familiar with various texts. If there are any unfamiliar vocabulary or expressions in the passage content, study them additionally.

유형 1 알맞은 표현 찾기 Finding the appropriate expression

❶ 알맞은 동사 찾기 Finding the appropriate verb

※ [34~39] 〈보기〉와 같이 (   )에 들어갈 말로 가장 알맞은 것을 고르십시오.

〈보 기〉

눈이 나쁩니다. (   )을 씁니다.

① 신발　　　② 우산　　　❸ 안경　　　④ 지갑

34. (2점)

물을 (   ). 물이 시원합니다.

① 춥니다　　　② 합니다　　　③ 마십니다　　　④ 배웁니다

풀이

'물을'은 '마십니다'와 같이 사용한다. 각 선택지와 관련된 문장은 다음과 같다.

① 춥니다: 춤을 춥니다. 춤이 즐겁습니다.
② 합니다: 운동을 합니다. 운동이 재미있습니다.
③ 마십니다: 물을 마십니다. 물이 시원합니다.
④ 배웁니다: 한국말을 배웁니다. 한국말이 어렵습니다.

'물을' is used with '마십니다'. Here are some sentences related to each answer choice.

① to dance: I dance. Dancing is enjoyable.
② to exercise: I exercise. Exercising is fun.
③ to drink: I drink water. The water is refreshing.
④ to learn: I learn Korean. Korean is difficult.

정답 ③

TIP

- 무엇에 대한 내용인지 이해해야 한다. You need to understand what the content is about.
- 목적어와 어울리는 동사를 알아야 한다. You need to know verbs that go well with the object.

❷ 알맞은 문형 찾기 Finding the appropriate sentence pattern

※ [65~66] 다음을 읽고 물음에 답하십시오.

> 사람들은 스트레스가 쌓일 때 단 음식을 먹습니다. 단 음식을 먹으면 기분이 좋아집니다. 그래서 식사를 한 후에 케이크처럼 단 음식을 많이 먹습니다. 그리고 음식을 만들 때 설탕을 많이 사용합니다. 그렇지만 단 음식을 너무 많이 (　㉠　). 건강이 나빠지거나 병이 생길 수 있습니다.

65. ㉠에 들어갈 말로 가장 알맞은 것을 고르십시오. (2점)

① 먹어야 합니다
② 먹고 있습니다
③ 먹으면 안 됩니다
④ 먹었으면 좋겠습니다

풀이

금지를 나타내는 상황이다. 각 선택지와 관련된 문장은 다음과 같다.

① -어야 합니다: 윗사람에게 높임말을 써야 합니다.
② -고 있습니다: 친구가 지금 일하고 있습니다.
③ -으면 안 됩니다: 거짓말을 하면 안 됩니다.
④ -었으면 좋겠습니다: 한국말을 잘했으면 좋겠습니다.

It's a situation that indicates prohibition. Here are some sentences related to each answer choice.

① -어야 합니다: You must use honorifics when speaking to someone older or of higher status.
② -고 있습니다: My friend is working now.
③ -으면 안 됩니다: You must not lie.
④ -었으면 좋겠습니다: I wish I could speak Korean well.

정답 ③

TIP

- 무엇에 대한 내용인지 이해해야 한다. You need to understand what the content is about.
- 내용에 어울리는 문형의 의미를 알아야 한다. You need to understand the meaning of the sentence pattern that fits the context.

유형 2 전체 내용 이해하기 Understanding the overall content

❶ 주제 찾기 Finding the topic

※ [31~33] 무엇에 대한 내용입니까? 〈보기〉와 같이 알맞은 것을 고르십시오. (각 2점)

―〈보 기〉―
오늘은 쉽니다. 수업이 없습니다.
① 요일　　　② 이름　　　❸ 휴일　　　④ 날짜

31.
지금은 오월입니다. 오늘은 오월 팔일입니다.

① 시간　　　② 나이　　　③ 요일　　　④ 날짜

풀이

날짜에 대한 설명이다. 각 선택지와 관련된 문장은 다음과 같다.

① 시간 : 지금은 오후입니다. 일곱 시입니다.
② 나이 : 저는 스무 살입니다. 동생은 열여덟 살입니다.
③ 요일 : 오늘은 금요일입니다. 토요일은 쉽니다.
④ 날짜 : 지금은 시월입니다. 오늘은 시월 십일입니다

This is a description about date. Here are some sentences related to each answer choice.

① time: It's afternoon now. It's seven o'clock
② age: I'm twenty years old. My younger sibling is eighteen years old.
③ day of the week: Today is Friday. I rest on Saturday.
④ date: It's October now. Today is October 10th.

정답 ④

TIP
- 무엇에 대해서 설명하는지 알아야 한다. You need to understand what is being described.
- 형용사가 사용된 문장을 이해해야 한다. You need to understand sentences that use adjectives.

❷ 중심 내용 찾기 Finding the main idea

※ [46~48] 다음을 읽고 중심 내용을 고르십시오.

46. (3점)

> 제 동생은 외국어를 잘합니다. 동생은 여러 나라에 여행을 갑니다. 저도 외국어를 배워서 해외여행을 가고 싶습니다.

① 저는 외국에서 살고 싶습니다.
② 저는 외국어를 배우고 싶습니다.
③ 저는 여행사에서 일하고 싶습니다.
④ 저는 동생과 여행을 가고 싶습니다.

풀이

외국어를 배워서 해외여행을 가고 싶다는 내용이다.　　The content is about wanting to learn a foreign language to travel abroad.

정답 ②

TIP

- 무엇에 대한 내용인지 이해해야 한다. You need to understand what the content is about.
- 중심 문장을 찾아야 한다. You need to find the main sentence.

유형 3 세부 내용 이해하기 Understanding specific details

❶ 광고의 내용 이해하기 Understanding the content of advertisements

※ [40~42] 다음을 읽고 맞지 않는 것을 고르십시오. (각 3점)

40.

① 천 원입니다.
② 딸기 맛입니다.
③ 시월까지 팝니다.
④ 아이스크림입니다.

> **풀이**
> 이 아이스크림은 '칠월 십오일'까지 팔 수 있다.　　This ice cream can be sold until 'July 15th'.
>
> 정답 ③

> **TIP**
> · 무엇에 대한 내용인지 알아야 한다. You need to understand what the content is about.
> · 그림에 있는 광고의 내용을 이해해야 한다. You need to understand the content of the advertisement in the picture.

❷ 문자메시지의 내용 이해하기 Understanding the content of text messages

※ [40~42] 다음을 읽고 맞지 <u>않는</u> 것을 고르십시오. (각 3점)

42.

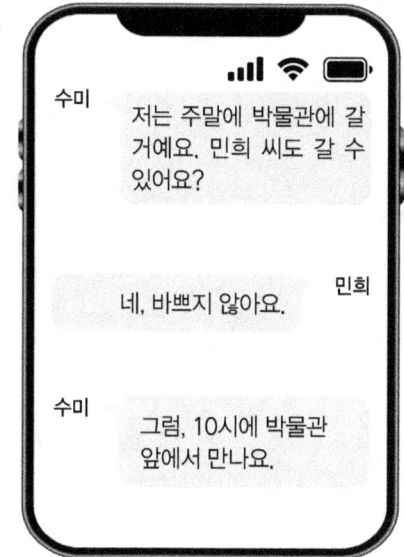

① 수미 씨는 박물관에 가겠습니다.
② 민희 씨는 주말에 시간이 있습니다.
③ 수미 씨와 민희 씨가 오늘 만납니다.
④ 민희 씨는 박물관에 갈 수 있습니다.

풀이

수미 씨와 민희 씨는 주말에 만날 것이다.   Sumi and Minhee will meet on the weekend.

정답 ③

TIP
- 무엇에 대한 내용인지 이해해야 한다. You need to understand what the content is about.
- 그림에 있는 문자메시지의 내용을 이해해야 한다. You need to understand the content of the text message in the picture.

❸ 글의 내용 이해하기 Understanding the content of texts

※ [43~45] 다음을 읽고 내용이 같은 것을 고르십시오.

43. (3점)

> 저는 한국 음식을 좋아합니다. 하지만 한국 음식을 만들지 못합니다. 오늘 저녁에 친구와 약속이 있습니다. 친구와 같이 불고기를 먹을 겁니다.

① 저는 오늘 약속이 없습니다.
② 저는 한국 음식을 잘 만듭니다.
③ 저는 친구와 한국 음식을 만들 겁니다.
④ 저는 오늘 저녁에 불고기를 먹을 겁니다.

풀이

나는 오늘 저녁에 친구를 만나서 불고기를 먹을 것이다. 각 선택지의 맞는 설명은 다음과 같다.

① 저는 오늘 친구와 약속이 있습니다.
② 저는 한국 음식을 만들지 못합니다.
③ 저는 친구와 한국 음식을 먹을 겁니다.
④ 저는 오늘 저녁에 불고기를 먹을 겁니다.

I will meet my friend tonight and eat bulgogi. The correct explanations for each choice are as follows.

① I have an appointment with my friend today.
② I can't cook Korean food.
③ I will eat Korean food with my friend.
④ I will eat bulgogi tonight.

정답 ④

TIP
- 무엇에 대한 내용인지 알아야 한다. You need to understand what the content is about.
- 글의 전체 내용을 자세히 이해해야 한다. You need to understand the overall content of the text in detail.

❹ 문맥에 맞는 내용 찾기 Finding content that fits the context

※ [55~56] 다음을 읽고 물음에 답하십시오.

> 50년이 된 초등학교가 유명한 미술관이 되었습니다. 사람들이 도시로 가고 학생 수가 줄어서 4년 전부터 이 학교에 학생이 없습니다. 학교가 미술관이 된 후에 많은 사람들이 이곳을 좋아하고 구경하러 옵니다. 특히 (㉠) 사람들은 이곳에서 공부했을 때를 생각하면서 자주 옵니다.

55. ㉠에 들어갈 말로 가장 알맞은 것을 고르십시오. (2점)

① 그림을 그리는
② 이곳을 좋아하는
③ 이 학교를 졸업한
④ 이 미술관을 만든

풀이

이 학교를 졸업한 사람들은 이곳에서 공부했을 때를 생각하면서 자주 온다는 내용이다.

The content is that people who graduated from this school often come here, thinking about the time they studied here.

정답 ③

TIP

- 무엇에 대한 내용인지 알아야 한다. You need to understand what the content is about.
- 내용을 자세히 이해하고 빈칸에 들어갈 표현을 찾아야 한다. You need to understand the content in detail and find the expression that fits in the blank.

❺ 글의 순서 파악하기 Understanding the order of the text

※ [57~58] 다음을 순서에 맞게 배열한 것을 고르십시오.

57. (3점)

> (가) 어제 처음 시내에 나가서 운전을 했습니다.
> (나) 저는 한 달 동안 학원에서 운전을 연습했습니다.
> (다) 시내에 차도 많고 신호등도 많아서 힘들었습니다.
> (라) 선생님께서 열심히 가르쳐 주셔서 재미있게 배웠습니다.

① (가)-(다)-(나)-(라) ② (가)-(라)-(나)-(다)
③ (나)-(라)-(가)-(다) ④ (나)-(가)-(다)-(라)

풀이

한 달 동안 운전을 연습했고 어제 처음 시내에서 운전을 했는데 힘들었다는 내용이다.

The content is that I practiced driving for a month and drove in the city for the first time yesterday, but it was difficult.

정답 ③

TIP
- 생활에 관한 내용을 이해해야 한다. You need to understand the content about life.
- 내용에 맞는 문장의 순서를 알아야 한다. You need to know the correct order of sentences that fit the content.

MEMO

PART 2
실전 모의고사
Practice test

- **제1회 실전 모의고사**
  1st Practice test
- **제2회 실전 모의고사**
  2nd Practice test
- **제3회 실전 모의고사**
  3rd Practice test
- **제4회 실전 모의고사**
  4th Practice test
- **제5회 실전 모의고사**
  5th Practice test

※ 실제 시험의 유형과 난이도에 맞춰 실전 모의고사를 구성하였습니다.
실제 시험 시간에 맞춰 실전 모의고사를 풀고, [책 속의 책]에 있는 OMR 답안지에 답을 체크해 보는 연습을 해 보세요.
Practice test is configured according to the type and difficulty of the actual test.
Take the practice test according to the actual test time, and practice checking the answers on the OMR answer sheet in the [Separate volume].

한국어능력시험
제1회 실전 모의고사

Test of Proficiency in Korean
1st Practice test

TOPIK I

듣기, 읽기
(Listening, Reading)

수험번호(Registration No.)		
이름 (Name)	한국어(Korean)	
	영 어(English)	

유 의 사 항
Information

1. 시험 시작 지시가 있을 때까지 문제를 풀지 마십시오.
   Do not open the booklet until you are allowed to start.

2. 수험번호와 이름을 정확하게 적어 주십시오.
   Write your name and registration number on the answer sheet.

3. 답안지를 구기거나 훼손하지 마십시오.
   Do not fold the answer sheet; keep it clean.

4. 답안지의 이름, 수험번호 및 정답의 기입은 배부된 펜을 사용하여 주십시오.
   Use the given pen only.

5. 정답은 답안지에 정확하게 표시하여 주십시오.
   Mark your answer accurately and clearly on the answer sheet.

   marking example　①　●　③　④

6. 문제를 읽을 때에는 소리가 나지 않도록 하십시오.
   Keep quiet while answering the questions.

7. 질문이 있을 때에는 손을 들고 감독관이 올 때까지 기다려 주십시오.
   When you have any questions, please raise your hand.

TOPIK I 듣기(1번~30번)

※ [1~4] 다음을 듣고 〈보기〉와 같이 물음에 맞는 대답을 고르십시오.

─── 〈보 기〉 ───

가: 한국말을 배워요?
나: _____

❶ 네. 한국말을 배워요.　　　② 네. 한국말을 몰라요.
③ 아니요. 한국말이 어려워요.　④ 아니요. 한국말을 좋아해요.

1. **(4점)**
① 네. 은행이에요.　　　　　② 네. 은행에 있어요.
③ 아니요. 은행이 없어요.　　④ 아니요. 은행원이 아니에요.

2. **(4점)**
① 네. 점심에 만나요.　　　　② 네. 점심을 먹어요.
③ 아니요. 점심이 맛없어요.　④ 아니요. 점심을 좋아하지 않아요.

3. **(3점)**
① 남자예요.　　　　　　　　② 마이클이에요.
③ 회사원이에요.　　　　　　④ 미국 사람이에요.

4. **(3점)**
① 걸어서 가요.　　　　　　　② 학교에 안 가요.
③ 학교가 좀 멀어요.　　　　　④ 날마다 학교에 가요.

※ [5~6] 다음을 듣고 〈보기〉와 같이 이어지는 말을 고르십시오.

─── 〈보 기〉 ───

가: 죄송합니다.
나: _____

① 감사합니다. ② 미안합니다.
❸ 괜찮습니다. ④ 반갑습니다.

5. (4점)
① 미안해요. ② 고마워요.
③ 괜찮아요. ④ 축하해요.

6. (3점)
① 미안합니다. ② 어서 오십시오.
③ 잘 먹겠습니다. ④ 잘 지냈습니다.

※ [7~10] 여기는 어디입니까? 〈보기〉와 같이 알맞은 것을 고르십시오.

─── 〈보 기〉 ───

가: 여자 옷은 몇 층에 있어요?
나: 4층입니다.

① 서점 ❷ 백화점 ③ 편의점 ④ 우체국

7. (3점)
① 시청 앞 ② 버스 앞 ③ 택시 안 ④ 서울역 앞

8. (3점)
① 옷 가게 ② 가방 가게 ③ 모자 가게 ④ 신발 가게

9. **(3점)**
   ① 서점   ② 교실   ③ 문구점   ④ 도서관

10. **(4점)**
    ① 병원   ② 학교   ③ 미용실   ④ 백화점

※ [11~14] 다음은 무엇에 대해 말하고 있습니까? <보기>와 같이 알맞은 것을 고르십시오.

─────────── <보 기> ───────────
가: 동생이 있어요?
나: 아니요. 언니만 있어요.

① 고향   ② 나이   ❸ 가족   ④ 나라
────────────────────────────

11. **(3점)**
    ① 직업   ② 이름   ③ 국적   ④ 취미

12. **(3점)**
    ① 계절   ② 날씨   ③ 위치   ④ 고향

13. **(4점)**
    ① 값   ② 맛   ③ 선물   ④ 여행

14. **(3점)**
    ① 시간   ② 요일   ③ 휴일   ④ 날짜

※ [15~16] 다음을 듣고 가장 알맞은 그림을 고르십시오. (각 4점)

15. ①  ②

③  ④

16. ①  ②

③ ④

※ [17~21] 다음을 듣고 〈보기〉와 같이 대화 내용과 같은 것을 고르십시오. (각 3점)

─── 〈보 기〉 ───

여자: 어디에 여행을 갔어요?
남자: 친구들과 부산에 갔어요.

① 여자는 여행을 좋아합니다. ② 여자는 친구들과 만납니다.
❸ 남자는 여행을 갔다 왔습니다. ④ 남자는 가족들과 여행을 갔습니다.

17. ① 남자는 친구가 없습니다.
    ② 여자는 휴가 계획이 없습니다.
    ③ 여자는 휴가 때 여행을 갈 겁니다.
    ④ 남자는 여자와 여행을 가고 싶어 합니다.

18. ① 남자는 요리를 잘합니다.
    ② 여자는 요리를 배우고 있습니다.
    ③ 남자는 보통 집에서 식사합니다.
    ④ 여자는 작년부터 회사에 다녔습니다.

19. ① 여자는 음료수를 살 겁니다.
    ② 남자는 혼자 편의점에 갈 겁니다.
    ③ 여자는 과자를 사고 싶어 합니다.
    ④ 남자는 편의점에 가고 싶어 하지 않습니다.

20. ① 남자는 토픽 시험을 볼 겁니다.
    ② 남자는 대학교를 졸업했습니다.
    ③ 여자는 토픽 시험을 준비합니다.
    ④ 여자는 대학교에 가고 싶어 합니다.

21. ① 남자는 은행원입니다.
　　② 여자는 예약을 하지 않았습니다.
　　③ 남자는 창가 자리를 좋아합니다.
　　④ 여자는 다른 식당에서 식사를 할 겁니다.

※ [22~24] 다음을 듣고 여자의 중심 생각을 고르십시오. (각 3점)

22. ① 주말에 바쁘지 않았으면 좋겠습니다.
　　② 주말에 집안일을 하는 것이 좋습니다.
　　③ 민수 씨가 주말을 즐겁게 보내면 좋겠습니다.
　　④ 민수 씨하고 같이 취미 생활을 하고 싶습니다.

23. ① 저녁을 꼭 먹어야 합니다.
　　② 가벼운 운동을 하면 잠을 잘 잘 수 있습니다.
　　③ 저녁을 많이 먹는 것은 건강에 좋지 않습니다.
　　④ 잠을 잘 수 없으면 병원에 가는 것이 좋습니다.

24. ① 표를 빨리 사야 합니다.
　　② 같이 여행을 가고 싶습니다.
　　③ 비행기표를 예매할 필요가 없습니다.
　　④ 제주도에 가려면 비행기를 타야 합니다.

※ [25~26] 다음을 듣고 물음에 답하십시오.

25. 여자가 왜 이 이야기를 하고 있는지 고르십시오. (3점)
    ① 신청 방법을 안내하려고
    ② 마라톤 대회를 알리려고
    ③ 행사장의 위치를 설명하려고
    ④ 마라톤 대회의 필요성을 말해 주려고

26. 들은 내용과 같은 것을 고르십시오. (4점)
    ① 마라톤 대회 티셔츠는 2만 원입니다.
    ② 내일 회사에서 마라톤 대회를 합니다.
    ③ 마라톤 대회는 무료로 참가할 수 있습니다.
    ④ 마라톤 대회에 참가하면 선물을 받습니다.

※ [27~28] 다음을 듣고 물음에 답하십시오.

27. 두 사람이 무엇에 대해 이야기를 하고 있는지 고르십시오. (3점)
    ① 연기를 하는 가수
    ② 요즘 인기 있는 드라마
    ③ 드라마가 인기 있는 이유
    ④ 가수가 드라마에 나오는 이유

28. 들은 내용과 같은 것을 고르십시오. (4점)
    ① 남자는 드라마를 자주 봅니다.
    ② 여자는 연기를 하고 싶어 합니다.
    ③ 여자는 드라마를 본 적이 없습니다.
    ④ 남자는 가수들이 연기하는 것을 좋아하지 않습니다.

※ [29~30] 다음을 듣고 물음에 답하십시오.

29. 남자가 이 책을 쓴 이유를 고르십시오. (3점)
    ① 책을 쓰는 것을 좋아해서
    ② 방송에 나온 요리를 알리고 싶어서
    ③ 행복하게 사는 방법을 소개하고 싶어서
    ④ 쉽게 요리하는 방법을 알려 주고 싶어서

30. 들은 내용과 같은 것을 고르십시오. (4점)
    ① 남자는 식당에서 일합니다.
    ② 남자가 하는 요리 방송은 인기가 많습니다.
    ③ 남자는 1년 전부터 책을 쓰기 시작했습니다.
    ④ 남자는 요리 방송이 힘들어서 그만두었습니다.

TOPIK I 읽기(31번~70번)

※ [31~33] 무엇에 대한 내용입니까? 〈보기〉와 같이 알맞은 것을 고르십시오. (각 2점)

─〈보 기〉─

저는 스무 살입니다. 동생은 열여덟 살입니다.

① 요일　　　② 계절　　　❸ 나이　　　④ 날짜

31.
여름은 덥습니다. 겨울은 춥습니다.

① 나라　　　② 직업　　　③ 계절　　　④ 시간

32.
음식을 만듭니다. 음식이 맛있습니다.

① 쇼핑　　　② 공부　　　③ 운동　　　④ 요리

33.
오늘은 학교에 안 갑니다. 집에서 쉽니다.

① 휴일　　　② 공부　　　③ 운동　　　④ 날짜

※ [34~39] 〈보기〉와 같이 (   )에 들어갈 말로 가장 알맞은 것을 고르십시오.

―〈보 기〉―

날씨가 춥습니다. (   )을 입습니다.

❶ 옷   ② 일   ③ 물   ④ 집

34. **(2점)**

지하철을 (   ). 아주 빠릅니다.

① 잡니다   ② 탑니다   ③ 보냅니다   ④ 바꿉니다

35. **(2점)**

머리가 아픕니다. (   )에 갑니다.

① 은행   ② 시장   ③ 학교   ④ 병원

36. **(2점)**

저는 경찰입니다. 길에서 사람들을 (   ).

① 물어봅니다   ② 올라갑니다   ③ 기다립니다   ④ 도와줍니다

37. **(3점)**

가게 점원이 (   ). 손님이 많습니다.

① 심심합니다   ② 친절합니다   ③ 한가합니다   ④ 깨끗합니다

38. **(3점)**

시간이 없습니다. (　　　) 준비합니다.

① 빨리　　　② 많이　　　③ 오래　　　④ 조용히

39. **(2점)**

저는 드라마를 좋아합니다. 영화(　　　) 좋아합니다.

① 를　　　② 만　　　③ 도　　　④ 에

※ [40~42] 다음을 읽고 맞지 <u>않는</u> 것을 고르십시오. (각 3점)

40.

① 천이백 원입니다.
② 소고기 맛입니다.
③ 오월까지 팝니다.
④ 이것은 라면입니다.

41.

- 공사 안내 -

- 횡단보도, 신호등 설치
- 기간: 10월 5일~10월 25일

통행에 불편을 드려서 죄송합니다.

① 유월에 합니다.
② 공사를 합니다.
③ 통행이 불편합니다.
④ 횡단보도를 만듭니다.

42.

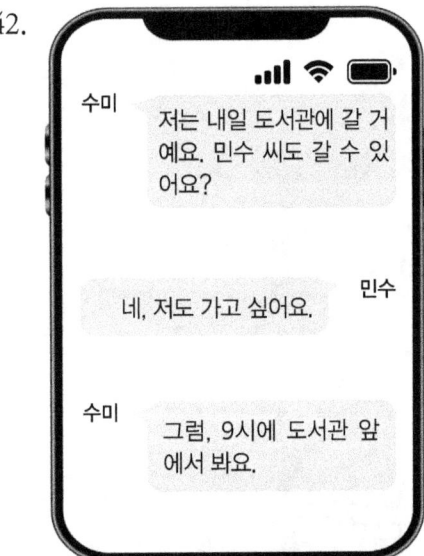

① 수미 씨는 내일 도서관에 갑니다.
② 민수 씨는 지금 도서관에 있습니다.
③ 수미 씨는 내일 민수 씨를 만납니다.
④ 민수 씨는 내일 9시에 도서관 앞에 갑니다.

※ [43~45] 다음을 읽고 내용이 같은 것을 고르십시오.

43. (3점)

> 저는 사진을 많이 찍습니다. 그래서 좋은 카메라가 있습니다. 내일은 친구들과 북한산에서 사진을 찍을 겁니다.

① 저는 내일 북한산에 갈 겁니다.
② 저는 내일 카메라를 살 겁니다.
③ 제 친구는 사진을 많이 찍습니다.
④ 저는 휴대전화로 사진을 찍습니다.

44. (2점)

> 저는 어제 친구와 영화를 봤습니다. 영화가 아주 슬펐습니다. 다음에는 친구와 즐거운 영화를 볼 겁니다.

① 저는 혼자 영화를 봤습니다.
② 저는 어제 친구를 만났습니다.
③ 저는 즐거운 영화를 봤습니다.
④ 저는 다음에 슬픈 영화를 볼 겁니다.

45. (3점)

> 어제 친구가 저에게 문자메시지를 보냈습니다. 하지만 제가 너무 바빠서 메시지를 보지 못했습니다. 나중에 친구에게 전화를 했지만 친구가 전화를 받지 않았습니다.

① 저는 어제 아주 바빴습니다.
② 저는 전화를 받지 못했습니다.
③ 친구가 저에게 전화를 했습니다.
④ 친구가 문자메시지를 보지 않았습니다.

※ [46~48] 다음을 읽고 중심 내용을 고르십시오.

46. (3점)

> 저는 여행하는 것을 아주 좋아합니다. 하지만 지금은 너무 추워서 여행을 하기가 어렵습니다. 따뜻한 봄이 오면 여기저기 여행을 할 겁니다.

① 저는 혼자 여행을 가고 싶습니다.
② 저는 봄에 여행을 하려고 합니다.
③ 저는 따뜻한 곳에 가고 싶습니다.
④ 저는 여행사에서 일하려고 합니다.

47. (3점)

> 제 동생은 춤을 잘 춥니다. 동생이 춤을 추면 아주 멋있습니다. 저도 멋있는 춤을 배우고 싶습니다.

① 저는 춤을 잘 추고 싶습니다.
② 저는 멋있는 춤을 보고 싶습니다.
③ 저는 동생과 같이 춤을 추고 싶습니다.
④ 저는 동생에게 춤을 가르치고 싶습니다.

48. (2점)

> 저는 한국 드라마를 많이 봅니다. 그렇지만 한국말을 잘 몰라서 이해하기가 어렵습니다. 이번 방학에는 한국어 공부를 시작하려고 합니다.

① 저는 한국에 갈 겁니다.
② 저는 한국어를 공부할 겁니다.
③ 저는 한국에서 공부하고 싶습니다.
④ 저는 한국 드라마를 보고 싶습니다.

※ [49~50] 다음을 읽고 물음에 답하십시오. (각 2점)

> 저는 대학 병원에서 일하는 간호사입니다. 아픈 환자들을 도와주는 일을 합니다. 제 도움이 필요한 환자들을 생각하면서 열심히 일합니다. 가끔 밤에 일할 때는 힘들고 피곤합니다. (㉠) 환자들이 저에게 감사 인사를 할 때 정말 기분이 좋습니다. 저는 더 좋은 간호사가 되고 싶습니다.

49. ㉠에 들어갈 말로 가장 알맞은 것을 고르십시오.
    ① 그래서
    ② 그리고
    ③ 그러면
    ④ 그렇지만

50. 윗글의 내용과 같은 것을 고르십시오.
    ① 저는 매일 밤에 일합니다.
    ② 저는 간호사가 되고 싶습니다.
    ③ 저는 병원에서 환자들을 도와줍니다.
    ④ 저는 일이 힘들고 피곤할 때가 많습니다.

※ [51~52] 다음을 읽고 물음에 답하십시오.

> 인주시에서 '여름 음악회'에 여러분을 초대합니다. 매년 여름에 열리는 이 음악회는 이번에도 재미있는 프로그램이 많습니다. 가족, 친구들과 함께 더운 여름을 시원하게 보낼 수 있습니다. 이 음악회는 인터넷으로 신청을 받습니다. 인주시 홈페이지에 (㉠) 날짜와 시간을 선택하고 신청하시면 됩니다.

51. ㉠에 들어갈 말로 가장 알맞은 것을 고르십시오. **(3점)**
    ① 들어가서
    ② 들어가면
    ③ 들어가지만
    ④ 들어가려고

52. 무엇에 대한 내용인지 맞는 것을 고르십시오. **(2점)**
    ① 음악회를 여는 이유
    ② 음악회를 신청하는 방법
    ③ 음악회에서 볼 수 있는 공연
    ④ 음악회가 열리는 날짜와 시간

※ [53~54] 다음을 읽고 물음에 답하십시오.

> 저는 머리를 자르러 미용실에 갔습니다. 제가 좋아하는 배우의 사진을 가지고 갔습니다. 저도 그 배우처럼 머리를 자르고 싶었습니다. 미용사에게 사진을 보여 주고 의자에 앉았습니다. 미용사가 제 머리를 (㉠) 거울을 봤습니다. 머리 모양이 마음에 들었습니다.

53. ㉠에 들어갈 말로 가장 알맞은 것을 고르십시오. (2점)
    ① 자른 후에
    ② 자르기 전에
    ③ 자르기 때문에
    ④ 자르기 위해서

54. 윗글의 내용과 같은 것을 고르십시오. (3점)
    ① 저는 사진을 찍으러 갔습니다.
    ② 저는 미용사가 되고 싶었습니다.
    ③ 저는 좋아하는 배우를 만났습니다.
    ④ 저는 미용실에서 머리를 잘랐습니다.

※ [55~56] 다음을 읽고 물음에 답하십시오.

> 오늘부터 한강 공원에서 '밖으로 나온 도서관'이 시작됐습니다. 사람들이 책을 빌리러 도서관에 가는 것이 아니라 도서관이 사람들을 찾아가는 것입니다. 사람들은 공원에서 산책도 하고 (㉠) 시원한 곳에서 읽습니다. 이 도서관은 매주 다른 장소에서 열리는데 책을 빌리려면 신분증이 필요합니다.

55. ㉠에 들어갈 말로 가장 알맞은 것을 고르십시오. (2점)
① 읽고 싶은 책을 사서
② 읽고 싶은 책을 빌려서
③ 좋아하는 책을 만들어서
④ 좋아하는 책을 주문해서

56. 윗글의 내용과 같은 것을 고르십시오. (3점)
① 이 도서관은 사람들을 찾아갑니다.
② 이 도서관은 오래전에 시작됐습니다.
③ 이 도서관은 누구든지 책을 빌려줍니다.
④ 이 도서관은 한 달간 한강 공원에 있습니다.

※ [57~58] 다음을 순서에 맞게 배열한 것을 고르십시오.

57. (3점)

> (가) 그런데 일이 생겨서 나갈 수 없었습니다.
> (나) 어제 저녁에 친구와 만날 약속이 있었습니다.
> (다) 전화를 받는 친구의 목소리가 좋지 않았습니다.
> (라) 그래서 친구에게 전화를 해서 약속을 취소했습니다.

① (가)-(라)-(다)-(나)
② (가)-(다)-(라)-(나)
③ (나)-(가)-(라)-(다)
④ (나)-(라)-(가)-(다)

58. (2점)

> (가) 보통 매운 음식을 먹으면 기분이 좋아집니다.
> (나) 배가 아파지거나 여러 가지 병이 생길 수 있습니다.
> (다) 하지만 매운 음식을 너무 많이 먹으면 안 됩니다.
> (라) 그래서 사람들은 스트레스가 쌓일 때 매운 음식을 먹습니다.

① (가)-(라)-(다)-(나)
② (가)-(다)-(라)-(나)
③ (나)-(다)-(가)-(라)
④ (나)-(가)-(다)-(라)

※ [59~60] 다음을 읽고 물음에 답하십시오.

> 저는 여행 동영상을 많이 봅니다. 여러 나라를 여행하는 이야기가 아주 재미있습니다. (㉠) 저도 동영상에서 본 나라들을 여행하고 싶습니다. (㉡) 학교에 다니면서 아르바이트를 하는 것이 힘들지만 열심히 일하고 있습니다. (㉢) 방학이 되면 모은 돈으로 여행을 갈 생각입니다. (㉣)

59. 다음 문장이 들어갈 곳으로 가장 알맞은 것을 고르십시오. (2점)

> 그래서 요즘 아르바이트를 해서 돈을 모으고 있습니다.

① ㉠ ② ㉡ ③ ㉢ ④ ㉣

60. 윗글의 내용과 같은 것을 고르십시오. (3점)
① 저는 다른 나라에서 일하고 싶습니다.
② 저는 여행 동영상을 만들고 싶습니다.
③ 저는 돈을 모아서 여행을 하고 싶습니다.
④ 저는 학교에 다니고 싶어서 아르바이트를 합니다.

※ **[61~62] 다음을 읽고 물음에 답하십시오. (각 2점)**

> 저는 오늘 고등학교 때 친구의 전화를 받았습니다. 우리는 학교를 졸업한 후에 한 번도 연락을 한 적이 없습니다. 그런데 친구가 (㉠) 저는 깜짝 놀랐습니다. 친구의 목소리는 아주 밝았습니다. 우리는 옛날처럼 많은 이야기를 했습니다. 오랜만에 통화를 했지만 매일 만난 것 같았습니다. 다음에는 정말로 친구를 만나고 싶습니다.

61. ㉠에 들어갈 말로 가장 알맞은 것을 고르십시오.
　　① 오랜만에 찾아와서　　　　② 갑자기 전화를 해서
　　③ 전화를 받지 않아서　　　　④ 이야기를 많이 해서

62. 윗글의 내용과 같은 것을 고르십시오.
　　① 저는 친구와 매일 만납니다.
　　② 저는 친구와 자주 전화를 합니다.
　　③ 저는 친구와 옛날이야기를 했습니다.
　　④ 저는 친구와 같은 학교에 다녔습니다.

※ [63~64] 다음을 읽고 물음에 답하십시오.

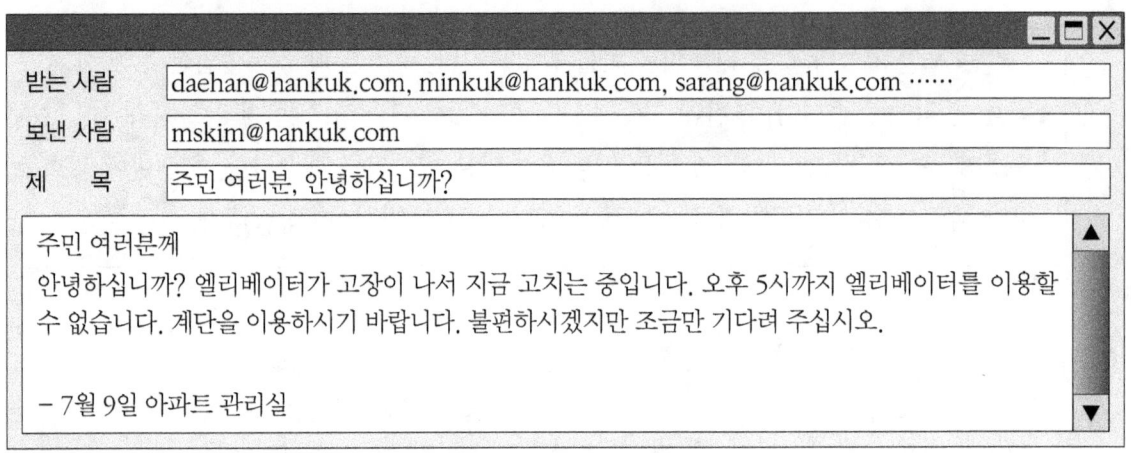

63. 왜 윗글을 썼는지 맞는 것을 고르십시오. (2점)
① 엘리베이터 고장을 알리려고
② 엘리베이터 관리를 부탁하려고
③ 엘리베이터 이용 시간을 바꾸려고
④ 엘리베이터 이용 방법을 설명하려고

64. 윗글의 내용과 같은 것을 고르십시오. (3점)
① 엘리베이터를 관리할 사람이 필요합니다.
② 엘리베이터를 이용하는 방법이 어렵습니다.
③ 엘리베이터가 없어서 새로 만들어야 합니다.
④ 엘리베이터를 오후 5시부터 이용할 수 있습니다.

※ [65~66] 다음을 읽고 물음에 답하십시오.

> 우리는 종이로 책이나 공책을 만들고 화장실에서 사용하는 휴지도 만듭니다. 그리고 한 번 사용하고 버리는 컵도 만듭니다. 종이로 생활에 필요한 여러 가지를 만들 수 있어서 우리는 편리한 생활을 할 수 있습니다. 그런데 종이를 많이 사용하면 나무가 없어집니다. 종이는 나무로 (㉠). 나무를 지키려면 종이를 아껴서 사용해야 합니다.

65. ㉠에 들어갈 말로 가장 알맞은 것을 고르십시오. (2점)
① 만들어도 됩니다
② 만들면 안 됩니다
③ 만들기 때문입니다
④ 만든 적이 있습니다

66. 윗글의 내용과 같은 것을 고르십시오. (3점)
① 종이는 우리의 생활을 편리하게 합니다.
② 한 번 사용한 컵은 버리는 것이 좋습니다.
③ 종이보다 나무로 물건을 만들면 좋습니다.
④ 종이로 만든 물건은 생활에 필요하지 않습니다.

※ [67~68] 다음을 읽고 물음에 답하십시오. (각 3점)

> 햇빛은 우리 몸이 병과 싸울 수 있는 에너지를 줍니다. 햇빛을 받아서 만든 에너지는 여러 가지 병을 막아 줍니다. 사람들은 (㉠) 기분이 나빠지고 몸이 피곤해집니다. 우리의 몸과 마음을 건강하게 하는 햇빛 에너지가 부족하기 때문입니다. 겨울에는 날씨가 추워서 실내에서 생활하는 시간이 깁니다. 이때에는 햇빛이 좋은 시간에 밖에 나가서 걸으면 좋습니다.

67. ㉠에 들어갈 말로 가장 알맞은 것을 고르십시오.
① 날씨가 더워지면
② 몸에 병이 생기면
③ 햇빛을 받지 못하면
④ 햇빛 에너지가 강하면

68. 윗글의 내용과 같은 것을 고르십시오.
① 햇빛은 여러 가지 병이 생기게 합니다.
② 햇빛은 날씨가 추울 때는 필요 없습니다.
③ 햇빛은 사람들의 몸을 건강하게 만듭니다.
④ 햇빛은 실내에서 사는 사람에게 필요합니다.

※ [69~70] 다음을 읽고 물음에 답하십시오. (각 3점)

> 얼마 전 저는 새집으로 이사를 했습니다. 새집은 방이 크고 밝아서 아주 마음에 듭니다. 그리고 큰 창문이 있어서 바람도 잘 들어옵니다. 예전에는 방도 넓지 않고 화장실도 작아서 생활하기가 불편했습니다. 작은 방에 (㉠) 상자와 큰 가방에 물건을 넣고 살았습니다. 하지만 이제는 책상도 있고 옷장도 있어서 물건을 깨끗하게 정리할 수 있습니다. 이 집은 같은 학교에 다니는 친구가 소개해 주었습니다. 친구가 살고 있는 집과 가까워서 이제는 학교에 갈 때 친구와 같이 갑니다. 이번 주말에 친구를 초대해서 고향 음식을 만들어 주려고 합니다.

69. ㉠에 들어갈 말로 가장 알맞은 것을 고르십시오.
① 들어가기가 불편해서
② 화장실이 넓지 않아서
③ 가구를 놓을 수 없어서
④ 친구를 초대할 수 없어서

70. 윗글의 내용으로 알 수 있는 것을 고르십시오.
① 친구는 주말에 저를 초대하려고 합니다.
② 새집에 책상과 옷장이 없어서 불편합니다.
③ 제가 이사한 집은 친구 집에서 가깝습니다.
④ 예전에는 방이 크고 밝은 집에서 살았습니다.

※ 실제 시험의 유형과 난이도에 맞춰 실전 모의고사를 구성하였습니다.
실제 시험 시간에 맞춰 실전 모의고사를 풀고, [책 속의 책]에 있는 OMR 답안지에 답을 체크해 보는 연습을 해 보세요.
Practice test is configured according to the type and difficulty of the actual test.
Take the practice test according to the actual test time, and practice checking the answers on the OMR answer sheet in the [Separate volume].

한국어능력시험
제2회 실전 모의고사

Test of Proficiency in Korean
2nd Practice test

TOPIK I

듣기, 읽기
(Listening, Reading)

수험번호(Registration No.)	
이름 (Name)	한국어(Korean)
	영 어(English)

유 의 사 항
Information

1. 시험 시작 지시가 있을 때까지 문제를 풀지 마십시오.

   Do not open the booklet until you are allowed to start.

2. 수험번호와 이름을 정확하게 적어 주십시오.

   Write your name and registration number on the answer sheet.

3. 답안지를 구기거나 훼손하지 마십시오.

   Do not fold the answer sheet; keep it clean.

4. 답안지의 이름, 수험번호 및 정답의 기입은 배부된 펜을 사용하여 주십시오.

   Use the given pen only.

5. 정답은 답안지에 정확하게 표시하여 주십시오.

   Mark your answer accurately and clearly on the answer sheet.

   marking example | ① ● ③ ④ |

6. 문제를 읽을 때에는 소리가 나지 않도록 하십시오.

   Keep quiet while answering the questions.

7. 질문이 있을 때에는 손을 들고 감독관이 올 때까지 기다려 주십시오.

   When you have any questions, please raise your hand.

TOPIK I 듣기(1번~30번)

※ [1~4] 다음을 듣고 〈보기〉와 같이 물음에 맞는 대답을 고르십시오.

─── 〈보 기〉 ───

가: 한국말을 배워요?
나: _____

❶ 네. 한국말을 배워요. ② 네. 한국말을 몰라요.
③ 아니요. 한국말이 어려워요. ④ 아니요. 한국말 좋아해요.

1. **(4점)**
   ① 네. 가방이에요. ② 네. 가방이 좋아요.
   ③ 아니요. 가방을 사요. ④ 아니요. 가방이 없어요.

2. **(4점)**
   ① 네. 냉장고예요. ② 네. 냉장고가 있어요.
   ③ 아니요. 냉장고를 안 사요. ④ 아니요. 냉장고가 크지 않아요.

3. **(3점)**
   ① 저예요. ② 민수 씨예요.
   ③ 민수 씨가 있어요. ④ 민수 씨가 좋아요.

4. **(3점)**
   ① 축구를 좋아해요. ② 축구가 재미없어요.
   ③ 주말에 축구를 해요. ④ 친구와 같이 축구해요.

※ [5~6] 다음을 듣고 〈보기〉와 같이 이어지는 말을 고르십시오.

―――――――〈보 기〉―――――――

가: 죄송합니다.
나: _____

① 감사합니다.　　　　　　　② 미안합니다.
❸ 괜찮습니다.　　　　　　　④ 반갑습니다.

5. (4점)
① 축하해요.　　　　　　　② 오랜만이에요.
③ 안녕히 가세요.　　　　　④ 안녕히 계세요.

6. (3점)
① 네. 알겠습니다.　　　　　② 네. 그렇습니까?
③ 잘 모르겠습니다.　　　　④ 처음 뵙겠습니다.

※ [7~10] 여기는 어디입니까? 〈보기〉와 같이 알맞은 것을 고르십시오.

―――――――〈보 기〉―――――――

가: 여자 옷은 몇 층에 있어요?
나: 4층입니다.

① 서점　　　❷ 백화점　　　③ 편의점　　　④ 우체국

7. (3점)
① 식당　　　② 공항　　　③ 정류장　　　④ 도서관

8. (3점)
① 도서관　　② 문구점　　③ 우체국　　　④ 미용실

9. **(3점)**
   ① 은행　　② 서점　　③ 교실　　④ 학교

10. **(4점)**
    ① 카페　　② 식당　　③ 극장　　④ 약국

※ [11~14] 다음은 무엇에 대해 말하고 있습니까? 〈보기〉와 같이 알맞은 것을 고르십시오.

〈보 기〉

가: 동생이 있어요?
나: 아니요. 언니만 있어요.

① 고향　　② 나이　　❸ 가족　　④ 나라

11. **(3점)**
    ① 나이　　② 이름　　③ 시간　　④ 친구

12. **(3점)**
    ① 값　　② 음식　　③ 장소　　④ 취미

13. **(4점)**
    ① 교통　　② 시간　　③ 날씨　　④ 고향

14. **(3점)**
    ① 휴일　　② 위치　　③ 직업　　④ 시간

※ [15~16] 다음을 듣고 가장 알맞은 그림을 고르십시오. (각 4점)

15. ①  ②

③  ④

16. ①  ②

③  ④

※ [17~21] 다음을 듣고 〈보기〉와 같이 대화 내용과 같은 것을 고르십시오. (각 3점)

― 〈보 기〉 ―

여자: 어디에 여행을 갔어요?
남자: 친구들과 부산에 갔어요.

① 여자는 여행을 좋아합니다.   ② 여자는 친구들과 만납니다.
❸ 남자는 여행을 갔다 왔습니다.   ④ 남자는 가족들과 여행을 갔습니다.

17. ① 여자는 학생입니다.
    ② 남자는 오늘 모임이 없습니다.
    ③ 남자는 오늘 회사 일이 많습니다.
    ④ 여자는 오늘 모임에 가지 않을 겁니다.

18. ① 남자는 이 식당을 예약할 겁니다.
    ② 여자는 이 식당에서 식사할 겁니다.
    ③ 여자는 이 식당을 예약하지 않았습니다.
    ④ 남자는 여자에게 자리를 안내할 겁니다.

19. ① 여자는 오늘이 생일입니다.
    ② 남자는 여자의 생일을 모릅니다.
    ③ 여자는 내일 가족들과 식사를 할 겁니다.
    ④ 남자는 오늘 여자와 같이 저녁을 먹을 겁니다.

20. ① 여자는 한복값을 잘 모릅니다.
    ② 여자는 한복을 빌리려고 합니다.
    ③ 남자는 빌리고 싶은 한복이 있습니다.
    ④ 남자는 카드를 가지고 오지 않았습니다.

21. ① 여자는 혼자 삽니다.
② 남자는 이사하고 싶어 합니다.
③ 여자의 방은 작지만 깨끗합니다.
④ 남자의 집은 학교에서 가깝습니다.

※ [22~24] 다음을 듣고 여자의 중심 생각을 고르십시오. (각 3점)

22. ① 휴대전화를 바꾸고 싶습니다.
② 휴대전화가 고장이 나서 사야 합니다.
③ 마음에 드는 휴대전화가 있으면 좋겠습니다.
④ 휴대전화를 자주 바꾸는 것은 좋지 않습니다.

23. ① 내일 병원에 가는 것이 좋습니다.
② 약을 계속 먹는 것은 좋지 않습니다.
③ 소화가 안 되면 병원에 가야 합니다.
④ 스트레스를 받지 않는 것이 좋습니다.

24. ① 오늘 야근을 해야 합니다.
② 휴가 계획을 세워야 합니다.
③ 오늘 일을 끝내지 않아도 됩니다.
④ 퇴근한 후에 술을 마시고 싶습니다.

※ [25~26] 다음을 듣고 물음에 답하십시오.

25. 여자가 왜 이 이야기를 하고 있는지 고르십시오. (3점)
    ① 청소 방법을 설명하려고
    ② 사무실 청소 신청을 받으려고
    ③ 청소하는 이유를 말해 주려고
    ④ 직원들에게 협조를 부탁하려고

26. 들은 내용과 같은 것을 고르십시오. (4점)
    ① 대청소는 한 달마다 합니다.
    ② 바닥에 있는 짐을 정리해야 합니다.
    ③ 금요일에 회사 유리창 청소를 합니다.
    ④ 주말에 직원들이 모여 사무실을 청소합니다.

※ [27~28] 다음을 듣고 물음에 답하십시오.

27. 두 사람이 무엇에 대해 이야기를 하고 있는지 고르십시오. (3점)
    ① 해외 공연 일정
    ② 공항에 가는 이유
    ③ 공항에서 기다리는 시간
    ④ 공항에 사람이 많은 이유

28. 들은 내용과 같은 것을 고르십시오. (4점)
    ① 남자는 해외 공연을 하고 왔습니다.
    ② 여자는 공항에 온 지 5시간이 되었습니다.
    ③ 여자는 공항에서 가수를 기다린 적이 있습니다.
    ④ 남자와 여자는 김수지를 보려고 공항에 왔습니다.

※ [29~30] 다음을 듣고 물음에 답하십시오.

29. 남자가 봉사활동을 시작한 이유를 고르십시오. (3점)
    ① 회사에서 시켜서
    ② 노인들을 도와주고 싶어서
    ③ 아름다운 사회를 만들고 싶어서
    ④ 회사 동료들과 함께 하는 것을 좋아해서

30. 들은 내용과 같은 것을 고르십시오. (4점)
    ① 남자는 3년 전에 취직했습니다.
    ② 남자는 매주 봉사활동을 하고 있습니다.
    ③ 남자는 혼자 사시는 노인분들을 돕습니다.
    ④ 남자는 할아버지와 자주 목욕하러 다닙니다.

TOPIK I 읽기(31번~70번)

※ [31~33] 무엇에 대한 내용입니까? 〈보기〉와 같이 알맞은 것을 고르십시오. (각 2점)

〈보 기〉

딸기가 맛있습니다. 사과도 맛있습니다.

① 날씨　　② 이름　　❸ 과일　　④ 시간

31. 지금은 시월입니다. 오늘은 시월 십일입니다.

① 날짜　　② 요일　　③ 나이　　④ 음식

32. 제주도에 갑니다. 여기저기를 구경합니다.

① 쇼핑　　② 공부　　③ 운동　　④ 여행

33. 7월과 8월에는 수업이 없습니다. 학교에 안 갑니다.

① 쇼핑　　② 방학　　③ 운동　　④ 날짜

※ [34~39] 〈보기〉와 같이 ( )에 들어갈 말로 가장 알맞은 것을 고르십시오.

―― 〈보 기〉 ――

배가 고픕니다. ( )을 먹습니다.

① 식당　　　② 그림　　　❸ 음식　　　④ 음악

34. (2점)

빵을 ( ). 아주 맛있습니다.

① 봅니다　　　② 합니다　　　③ 먹습니다　　　④ 읽습니다

35. (2점)

과일을 좋아합니다. 매일 ( )를 먹습니다.

① 과자　　　② 고기　　　③ 사과　　　④ 배추

36. (2점)

저는 학생입니다. 대학원에서 경제학을 ( ).

① 정리합니다　　　② 설명합니다　　　③ 운전합니다　　　④ 전공합니다

37. (3점)

저는 요즘 ( ). 일이 아주 많습니다.

① 멉니다　　　② 편합니다　　　③ 쉽습니다　　　④ 힘듭니다

38. **(3점)**

| 저는 보통 버스를 탑니다. (   ) 택시를 탑니다. |

① 일찍　　　② 자주　　　③ 가끔　　　④ 먼저

39. **(2점)**

| 저는 친구를 만납니다. 친구(   ) 이야기합니다. |

① 와　　　② 를　　　③ 로　　　④ 에

※ [40~42] 다음을 읽고 맞지 <u>않는</u> 것을 고르십시오. (각 3점)

40.

① 천이백 원입니다.
② 채소가 있습니다.
③ 시월까지 팝니다.
④ 이것은 맵습니다.

41.

– 기숙사 신청 –

- 2인실, 3인실 선택
- 방마다 화장실
- 인터넷(room_univ@ac.kr) 신청

① 기숙사 방이 있습니다.
② 방을 혼자 사용합니다.
③ 인터넷으로 신청합니다.
④ 방에 화장실이 있습니다.

42.

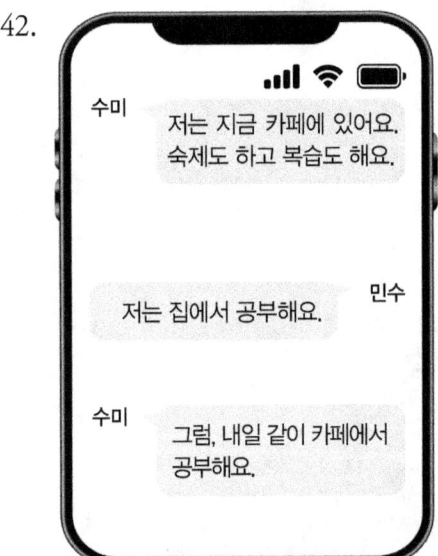

① 민수 씨는 지금 공부합니다.
② 수미 씨는 지금 숙제를 합니다.
③ 수미 씨는 내일 카페에 갑니다.
④ 민수 씨는 지금 카페에 있습니다.

※ [43~45] 다음을 읽고 내용이 같은 것을 고르십시오.

43. (3점)

> 저는 노래 부르기를 아주 좋아합니다. 그래서 혼자 노래방에 자주 갑니다. 오늘도 오후에 학교 근처 노래방에 갈 겁니다.

① 저는 노래를 잘 부릅니다.
② 저는 학교 근처에 삽니다.
③ 저는 오후에 노래방에 갈 겁니다.
④ 저는 친구들과 노래방에 자주 갑니다.

44. (2점)

> 저는 어제 서점에 갔습니다. 한국 여행 책을 한 권 샀습니다. 방학에 저는 한국에서 여행을 할 겁니다.

① 저는 지금 방학입니다.
② 저는 방학에 여행을 했습니다.
③ 저는 한국 여행 책을 살 겁니다.
④ 저는 책을 사러 서점에 갔습니다.

45. (3점)

> 한국 친구가 저를 초대했습니다. 그래서 꽃을 사서 친구 집에 갔습니다. 친구 부모님도 만나고 맛있는 저녁도 먹고 늦게 집에 돌아왔습니다.

① 친구가 우리 집에 왔습니다.
② 저는 일찍 집에 돌아왔습니다.
③ 친구가 저에게 꽃을 주었습니다.
④ 저는 친구의 부모님을 만났습니다.

※ [46~48] 다음을 읽고 중심 내용을 고르십시오.

46. (3점)

> 제 동생은 매일 자전거를 타고 운동을 합니다. 하지만 저는 자전거를 못 탑니다. 저도 자전거를 배워서 멋있게 자전거를 타고 싶습니다.

① 저는 매일 자전거를 타려고 합니다.
② 저는 멋있는 자전거를 사고 싶습니다.
③ 저는 자전거 타기를 배우고 싶습니다.
④ 저는 동생과 같이 운동을 하려고 합니다.

47. (3점)

> 저는 운전을 배우려고 학원에 다닙니다. 지금은 차가 없어서 버스를 타고 학교에 갑니다. 운전을 잘 하면 예쁜 차를 살 겁니다.

① 저는 운전을 잘 합니다.
② 저는 차를 사려고 합니다.
③ 저는 버스를 타고 싶습니다.
④ 저는 학교에 다니고 싶습니다.

48. (2점)

> 저는 책을 많이 읽습니다. 그래서 집에 책이 아주 많습니다. 방이 너무 복잡해서 주말에 책을 정리하려고 합니다.

① 저는 책을 많이 살 겁니다.
② 저는 책을 많이 읽고 싶습니다.
③ 저는 주말에 책을 정리할 겁니다.
④ 저는 큰 방이 있었으면 좋겠습니다.

※ [49~50] 다음을 읽고 물음에 답하십시오. (각 2점)

> 저는 등산하는 것을 좋아합니다. 친구들과 같이 갈 때도 있지만 보통 혼자 산에 갑니다. 혼자 가면 조금 (㉠) 편합니다. 아름다운 경치도 보고 처음 만나는 사람들과 인사도 합니다. 가끔 과일이나 과자를 다른 사람들과 같이 먹습니다.

49. ㉠에 들어갈 말로 가장 알맞은 것을 고르십시오.
    ① 외롭고
    ② 외로워서
    ③ 외롭지만
    ④ 외로우면

50. 윗글의 내용과 같은 것을 고르십시오.
    ① 저는 혼자 등산을 가지 않습니다.
    ② 저는 항상 친구들과 같이 등산을 갑니다.
    ③ 저는 처음 만나는 사람들과 인사를 합니다.
    ④ 저는 자주 다른 사람들과 같이 음식을 먹습니다.

※ [51~52] 다음을 읽고 물음에 답하십시오.

> 인주시에서는 매년 1월에 '책 전시회'를 엽니다. 책은 우리에게 새로운 것을 알려 주고 새로운 세계를 소개합니다. 하지만 요즘 책을 읽는 사람이 줄고 있습니다. 이번 전시회에서는 다양한 책을 만날 수 있습니다. 특히 어른들과 아이들이 함께 읽을 수 있는 책이 많습니다. 좋은 책을 (㉠) 마음이 넓어지고 건강해질 수 있습니다.

51. ㉠에 들어갈 말로 가장 알맞은 것을 고르십시오. (3점)
　① 읽거나　　　　　　　　② 읽는데
　③ 읽으면　　　　　　　　④ 읽지만

52. 무엇에 대한 내용인지 맞는 것을 고르십시오. (2점)
　① 전시회가 열리는 날짜
　② 전시회가 열리는 이유
　③ 전시회에서 살 수 있는 책
　④ 전시회에 갈 수 있는 사람

※ [53~54] 다음을 읽고 물음에 답하십시오.

저는 맛있는 음식을 먹는 것을 아주 좋아합니다. 그래서 유명한 식당 이야기를 들으면 꼭 그 식당에 갑니다. 오늘은 친구와 함께 냉면이 유명한 식당에 가서 점심을 먹었습니다. 기다리는 사람이 너무 많아서 늦게 먹었습니다. 이 식당에서 일찍 냉면을 (㉠) 빨리 가야 합니다.

53. ㉠에 들어갈 말로 가장 알맞은 것을 고르십시오. (2점)
    ① 먹어서
    ② 먹으려면
    ③ 먹고 나서
    ④ 먹는 동안

54. 윗글의 내용과 같은 것을 고르십시오. (3점)
    ① 저는 약속에 늦게 갔습니다.
    ② 저는 점심에 냉면집에 갔습니다.
    ③ 저는 친구를 많이 기다렸습니다.
    ④ 저는 친구와 식당 이야기를 했습니다.

※ [55~56] 다음을 읽고 물음에 답하십시오.

> 얼마 전 '아름다운 학교'가 문을 열었습니다. 공부를 하고 싶었지만 여러 가지 문제로 공부를 하지 못한 할머니, 할아버지들을 위한 학교입니다. 이곳에서 노인들은 중학교나 고등학교에서 배우는 내용을 공부할 수 있습니다. (㉠   ) 것을 부끄러워하지 않고 열심히 공부하는 노인들이 아름답습니다.

55. ㉠에 들어갈 말로 가장 알맞은 것을 고르십시오. (2점)
 ① 아름다운 학교를 만든
 ② 젊었을 때 배우지 못한
 ③ 여러 가지 문제가 있는
 ④ 중고등학교에서 공부하는

56. 윗글의 내용과 같은 것을 고르십시오. (3점)
 ① 이 학교는 노인들이 만들었습니다.
 ② 이 학교는 아름다운 곳에 있습니다.
 ③ 이 학교에서는 중학교 내용을 배웁니다.
 ④ 이 학교에서는 고등학생들이 공부합니다.

※ [57~58] 다음을 순서에 맞게 배열한 것을 고르십시오.

57. (3점)

> (가) 비가 올 것 같아서 걱정을 했습니다.
> (나) 가족들과 같이 바다로 여행을 갔습니다.
> (다) 여행을 가는 날 아침에 바람이 불고 흐렸습니다.
> (라) 하지만 바다에 도착했을 때 날씨가 아주 좋았습니다.

① (가) – (라) – (다) – (나) ② (가) – (다) – (라) – (나)
③ (나) – (가) – (라) – (다) ④ (나) – (다) – (가) – (라)

58. (2점)

> (가) 처음에는 커피열매로 죽이나 약을 만들어서 먹었습니다.
> (나) 커피는 세계의 많은 사람들이 제일 많이 마시는 음료입니다.
> (다) 하지만 처음부터 커피가루를 만들어서 음료로 마신 것은 아닙니다.
> (라) 그 후에는 커피열매를 끓여서 그 물을 마시거나 술을 만들어서 먹었습니다.

① (가) – (라) – (다) – (나) ② (가) – (다) – (라) – (나)
③ (나) – (다) – (가) – (라) ④ (나) – (가) – (다) – (라)

※ [59~60] 다음을 읽고 물음에 답하십시오.

저는 어렸을 때부터 빵을 아주 좋아합니다. 보통 가게에서 사서 먹지만 가끔 제가 만든 빵을 먹고 싶습니다. (㉠) 설명을 보고 열심히 만들지만 모양도 예쁘지 않고 맛도 없습니다. (㉡) 방학이 되면 빵을 만드는 학원에 다닐 생각입니다. (㉢) 맛있는 빵을 만들어서 저도 먹고 친구들에게 선물도 하고 싶습니다. (㉣)

59. 다음 문장이 들어갈 곳으로 가장 알맞은 것을 고르십시오. (2점)

그때는 인터넷에서 빵을 만드는 방법을 찾아보고 직접 만들어 봅니다.

① ㉠　　　　② ㉡　　　　③ ㉢　　　　④ ㉣

60. 윗글의 내용과 같은 것을 고르십시오. (3점)
① 저는 자주 친구들에게 빵을 선물합니다.
② 저는 요즘 빵을 만드는 학원에 다닙니다.
③ 저는 빵을 만드는 사람이 되고 싶습니다.
④ 저는 가끔 인터넷을 보고 빵을 만듭니다.

※ [61~62] 다음을 읽고 물음에 답하십시오. (각 2점)

> 저는 올해 대학교를 졸업했습니다. 하지만 아직 무엇을 할지 결정하지 못했습니다. 일을 찾고 싶지만 좋은 일자리가 많지 않습니다. 그리고 대학원에 들어가고 싶지만 시험을 봐야 합니다. (㉠) 하나도 없는 것 같습니다. 이렇게 어려운 일을 다른 사람들은 어떻게 결정했는지 정말 부럽습니다.

61. ㉠에 들어갈 말로 가장 알맞은 것을 고르십시오.
 ① 쉬운 일이
 ② 부러운 일이
 ③ 모르는 일이
 ④ 결정하는 일이

62. 윗글의 내용과 같은 것을 고르십시오.
 ① 저는 지금 일자리를 찾고 싶지 않습니다.
 ② 저는 무엇을 할지 결정하기가 어렵습니다.
 ③ 저는 대학원에 들어가려고 시험을 봤습니다.
 ④ 저는 다른 사람들과 같은 일을 하고 싶습니다.

※ [63~64] 다음을 읽고 물음에 답하십시오.

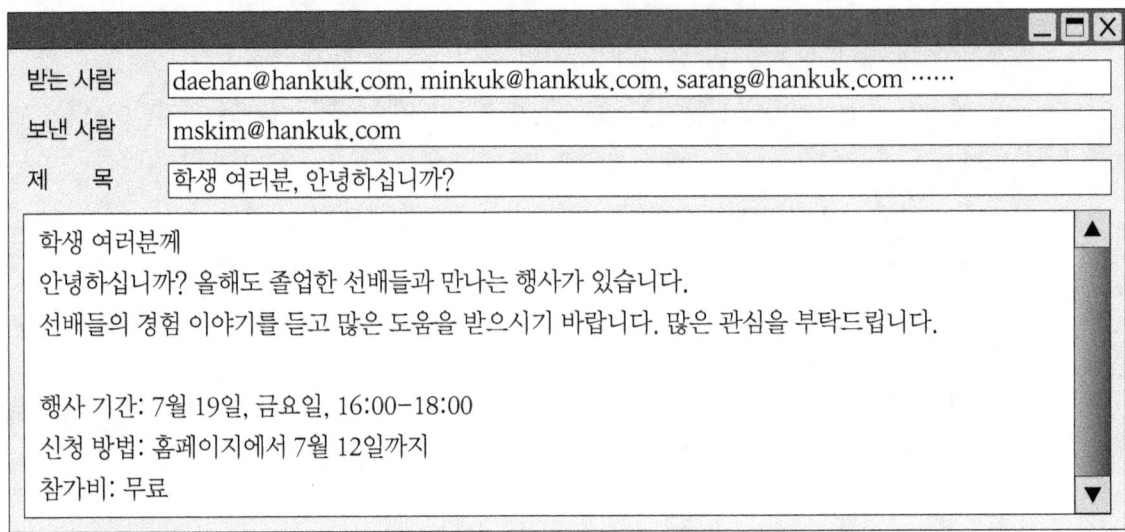

63. 왜 윗글을 썼는지 맞는 것을 고르십시오. (2점)
    ① 행사 시간을 바꾸려고
    ② 행사 장소를 안내하려고
    ③ 행사 참가비를 알리려고
    ④ 행사 참가 신청을 받으려고

64. 윗글의 내용과 같은 것을 고르십시오. (3점)
    ① 이 행사는 올해 처음 열립니다.
    ② 이 행사는 두 시간 동안 합니다.
    ③ 이 행사에 참가하려면 돈을 내야 합니다.
    ④ 이 행사는 선배들만 참가할 수 있습니다.

※ [65~66] 다음을 읽고 물음에 답하십시오.

> 물을 잘 마시는 습관은 우리의 건강에 도움을 줍니다. 운동을 할 때 물을 마시면 몸 속에 있는 나쁜 것들을 몸 밖으로 내보냅니다. 그리고 날씨가 더울 때 물을 마시면 몸이 시원해집니다. 하지만 물을 너무 많이 마시거나 잘못 마시면 건강에 문제가 생깁니다. 물은 식사를 시작하기 전에 (㉠   ). 식사를 하면서 물을 많이 마시면 소화가 안 되기 때문입니다.

65. ㉠에 들어갈 말로 가장 알맞은 것을 고르십시오. (2점)
　① 마시기로 합니다　　　　② 마시면 안 됩니다
　③ 마시는 것 같습니다　　　④ 마시는 것이 좋습니다

66. 윗글의 내용과 같은 것을 고르십시오. (3점)
　① 더울 때 물을 마시면 몸이 나빠집니다.
　② 물을 잘 마시면 건강에 도움이 됩니다.
　③ 운동할 때 물을 마시면 문제가 생깁니다.
　④ 식사를 하면서 물을 마시는 것이 좋습니다.

※ [67~68] 다음을 읽고 물음에 답하십시오. (각 3점)

> 나무의 잎은 봄과 여름에 잘 자라서 녹색이 되지만 가을에는 빨갛고 노랗게 바뀝니다. 가을이 되어서 날씨가 추워지면 나무는 겨울을 준비하는 것입니다. 물이 부족하고 (㉠) 가을에는 나무가 자라지 않기 때문에 녹색을 만들어서 잎까지 보낼 수 없습니다. 그래서 나무의 잎은 녹색이 점점 없어지고 빨간색과 노란색만 보입니다.

67. ㉠에 들어갈 말로 가장 알맞은 것을 고르십시오.
① 습기가 많아지는
② 햇빛이 강해지는
③ 기온이 떨어지는
④ 공기가 나빠지는

68. 윗글의 내용과 같은 것을 고르십시오.
① 나무의 잎은 물이 부족한 계절에 녹색이 됩니다.
② 나무의 잎은 날씨가 추워지면 색깔이 달라집니다.
③ 나무의 잎은 봄과 여름에 빨갛고 노랗게 바뀝니다.
④ 나무의 잎은 물이 많으면 녹색이 점점 없어집니다.

※ [69~70] 다음을 읽고 물음에 답하십시오. (각 3점)

> 얼마 전 어머니가 많이 아파서 병원에 입원을 하셨습니다. 그래서 어머니가 집에 안 계시는 동안 가족들이 집안일을 나누어서 하기로 했습니다. 저는 국도 끊이고 반찬도 만들어서 가족들과 같이 먹었습니다. 그리고 어머니가 좋아하시는 음식을 만들어서 병원에 가지고 갔습니다. (　　㉠　　) 음식을 맛있게 드시면서 어머니는 아주 좋아하셨습니다. 어머니가 건강할 때는 모든 집안일을 어머니가 하셨기 때문에 제가 요리를 할 기회가 별로 없었습니다. 이제 어머니가 집에 오시면 제가 자주 음식도 만들어서 드리고 집안일도 도울 생각입니다.

69. ㉠에 들어갈 말로 가장 알맞은 것을 고르십시오.
① 병원에서 나오는
② 건강에 도움이 되는
③ 제가 만들어서 드린
④ 가족들이 가지고 간

70. 윗글의 내용으로 알 수 있는 것을 고르십시오.
① 가족들은 항상 집안일을 나누어서 했습니다.
② 저는 집에서 요리를 할 기회가 많지 않았습니다.
③ 어머니는 요리하는 것을 좋아하지 않으셨습니다.
④ 어머니가 입원하신 동안 모든 집안일을 제가 했습니다.

※ 실제 시험의 유형과 난이도에 맞춰 실전 모의고사를 구성하였습니다.
실제 시험 시간에 맞춰 실전 모의고사를 풀고, [책 속의 책]에 있는 OMR 답안지에 답을 체크해 보는 연습을 해 보세요.
Practice test is configured according to the type and difficulty of the actual test.
Take the practice test according to the actual test time, and practice checking the answers on the OMR answer sheet in the [Separate volume].

한국어능력시험
제3회 실전 모의고사

Test of Proficiency in Korean
3rd Practice test

TOPIK I

듣기, 읽기
(Listening, Reading)

수험번호(Registration No.)	
이름 (Name)	한국어(Korean)
	영 어(English)

유 의 사 항
Information

1. 시험 시작 지시가 있을 때까지 문제를 풀지 마십시오.
   Do not open the booklet until you are allowed to start.

2. 수험번호와 이름을 정확하게 적어 주십시오.
   Write your name and registration number on the answer sheet.

3. 답안지를 구기거나 훼손하지 마십시오.
   Do not fold the answer sheet; keep it clean.

4. 답안지의 이름, 수험번호 및 정답의 기입은 배부된 펜을 사용하여 주십시오.
   Use the given pen only.

5. 정답은 답안지에 정확하게 표시하여 주십시오.
   Mark your answer accurately and clearly on the answer sheet.

   marking example | ① ● ③ ④

6. 문제를 읽을 때에는 소리가 나지 않도록 하십시오.
   Keep quiet while answering the questions.

7. 질문이 있을 때에는 손을 들고 감독관이 올 때까지 기다려 주십시오.
   When you have any questions, please raise your hand.

TOPIK I 듣기(1번~30번)

※ [1~4] 다음을 듣고 〈보기〉와 같이 물음에 맞는 대답을 고르십시오.

─〈보 기〉─

가: 한국말을 배워요?
나: _____

❶ 네. 한국말을 배워요.   ② 네. 한국말을 몰라요.
③ 아니요. 한국말이 어려워요.   ④ 아니요. 한국말 좋아해요.

1. (4점)
① 네. 친구가 많아요.   ② 네. 친구가 있어요.
③ 아니요. 친구가 아니에요.   ④ 아니요. 친구를 안 만나요.

2. (4점)
① 네. 비빔밥을 먹어요.   ② 네. 비빔밥을 좋아해요.
③ 아니요. 비빔밥을 안 먹어요.   ④ 아니요. 비빔밥이 맵지 않아요.

3. (3점)
① 어제 샀어요.   ② 제가 샀어요.
③ 백화점에서 샀어요.   ④ 옷하고 신발을 샀어요.

4. (3점)
① 걸어서 가요.   ② 20분쯤 걸려요.
③ 기숙사에 살아요.   ④ 기숙사가 가까워요.

※ [5~6] 다음을 듣고 〈보기〉와 같이 이어지는 말을 고르십시오.

―― 〈보 기〉 ――

가: 죄송합니다.
나: _____

① 감사합니다.　　　　　　② 미안합니다.
❸ 괜찮습니다.　　　　　　④ 반갑습니다.

5. (4점)
① 알겠어요.　　　　　　　② 오랜만이에요.
③ 네. 잘 먹었어요.　　　　④ 네. 잘 먹을게요.

6. (3점)
① 알겠습니다.　　　　　　② 미안합니다.
③ 안녕하세요?　　　　　　④ 그렇습니까?

※ [7~10] 여기는 어디입니까? 〈보기〉와 같이 알맞은 것을 고르십시오.

―― 〈보 기〉 ――

가: 여자 옷은 몇 층에 있어요?
나: 4층입니다.

① 서점　　　❷ 백화점　　　③ 편의점　　　④ 우체국

7. (3점)
① 식당　　　② 카페　　　③ 빵집　　　④ 꽃집

8. (3점)
① 극장　　　② 여행사　　　③ 백화점　　　④ 우체국

9. **(3점)**
   ① 은행　　　② 교실　　　③ 서점　　　④ 도서관

10. **(4점)**
    ① 역　　　② 공항　　　③ 병원　　　④ 여행사

※ [11~14] 다음은 무엇에 대해 말하고 있습니까? <보기>와 같이 알맞은 것을 고르십시오.

───── <보 기> ─────
가: 동생이 있어요?
나: 아니요. 언니만 있어요.

① 고향　　　② 나이　　　❸ 가족　　　④ 나라

11. **(3점)**
    ① 이름　　　② 나이　　　③ 국적　　　④ 직업

12. **(3점)**
    ① 휴일　　　② 시간　　　③ 취미　　　④ 교통

13. **(4점)**
    ① 운동　　　② 위치　　　③ 수업　　　④ 계절

14. **(3점)**
    ① 장소　　　② 방학　　　③ 요일　　　④ 약속

※ [15~16] 다음을 듣고 가장 알맞은 그림을 고르십시오. (각 4점)

15. ①    ②

③    ④

16. ①    ②

③    ④

※ [17~21] 다음을 듣고 〈보기〉와 같이 대화 내용과 같은 것을 고르십시오. (각 3점)

───〈보 기〉───

여자: 어디에 여행을 갔어요?
남자: 친구들과 부산에 갔어요.

① 여자는 여행을 좋아합니다.
② 여자는 친구들과 만납니다.
❸ 남자는 여행을 갔다 왔습니다.
④ 남자는 가족들과 여행을 갔습니다.

17. ① 남자는 표를 못 샀습니다.
    ② 여자는 늦게 도착했습니다.
    ③ 여자는 이번 공연이 좋았습니다.
    ④ 남자는 공연장에 늦게 들어갔습니다.

18. ① 여자는 회사원입니다.
    ② 남자는 1년 전에 태권도를 배웠습니다.
    ③ 여자는 요즘 운동을 전혀 하지 않습니다.
    ④ 남자는 바빠서 태권도를 배울 시간이 없습니다.

19. ① 남자는 영화표를 2장 샀습니다.
    ② 여자는 내일 영화표를 살 겁니다.
    ③ 남자는 여자와 영화를 볼 겁니다.
    ④ 여자는 영화를 좋아하지 않습니다.

20. ① 남자는 주말에 자전거를 탑니다.
    ② 여자는 가벼운 운동을 자주 합니다.
    ③ 여자는 운동을 해서 건강이 좋아졌습니다.
    ④ 남자는 회사 근처에서 자주 산책을 합니다.

21. ① 여자는 어제부터 아팠습니다.
② 여자는 약국의 위치를 압니다.
③ 남자는 우체국에 가려고 합니다.
④ 남자는 여자와 같이 약국에 갈 겁니다.

※ [22~24] 다음을 듣고 여자의 중심 생각을 고르십시오. (각 3점)

22. ① 혼자 여행을 가고 싶습니다.
② 편하게 여행을 다니고 싶습니다.
③ 다른 사람과 함께 가는 여행이 좋습니다.
④ 가족들과 제주도에 여행을 가고 싶습니다.

23. ① 에어컨을 바꾸고 싶습니다.
② 냄새가 나지 않는 에어컨을 사고 싶습니다.
③ 에어컨을 많이 사용하지 않으면 좋겠습니다.
④ 이번 주에 에어컨을 청소했으면 좋겠습니다.

24. ① 카페가 조용하면 좋겠습니다.
② 카페가 더 많아지면 좋겠습니다.
③ 카페에서 공부하는 것이 좋습니다.
④ 카페에서 공부하는 사람이 많아서 불편합니다.

※ [25~26] 다음을 듣고 물음에 답하십시오.

25. 여자가 왜 이 이야기를 하고 있는지 고르십시오. (3점)
   ① 승객들이 시끄러워서
   ② 식사 시간을 알려주려고
   ③ 기차 출발 시간을 말하려고
   ④ 기차 이용에 대해 안내하려고

26. 들은 내용과 같은 것을 고르십시오. (4점)
   ① 기차에서 전화할 수 없습니다.
   ② 기차에서 식사할 수 있습니다.
   ③ 기차 안에서 담배를 피워도 됩니다.
   ④ 이 기차는 서울로 가는 기차입니다.

※ [27~28] 다음을 듣고 물음에 답하십시오.

27. 두 사람이 무엇에 대해 이야기를 하고 있는지 고르십시오. (3점)
   ① 운동하는 이유
   ② 운동하는 시간
   ③ 운동의 좋은 점
   ④ 운동의 힘든 점

28. 들은 내용과 같은 것을 고르십시오. (4점)
   ① 여자는 퇴근한 후에 운동합니다.
   ② 여자는 보통 회사에서 운동합니다.
   ③ 남자는 아침에 운동하는 것이 힘듭니다.
   ④ 남자는 6시에 일어나서 바로 회사에 갑니다.

※ [29~30] 다음을 듣고 물음에 답하십시오.

29. 남자가 여행 유튜브를 시작한 이유를 고르십시오. (3점)
    ① 취직하지 못해서
    ② 좋아하는 것을 하려고
    ③ 돈을 많이 벌고 싶어서
    ④ 많은 사람들이 하라고 해서

30. 들은 내용과 같은 것을 고르십시오. (4점)
    ① 남자는 회사 생활을 좋아했습니다.
    ② 남자는 회사에 다닌 적이 있습니다.
    ③ 남자는 작년에 유튜브를 시작했습니다.
    ④ 남자는 처음부터 유튜브로 돈을 많이 벌었습니다.

TOPIK Ⅰ 읽기(31번~70번)

※ [31~33] 무엇에 대한 내용입니까? 〈보기〉와 같이 알맞은 것을 고르십시오. (각 2점)

〈 보 기 〉

바람이 붑니다. 시원합니다.

❶ 날씨　　　　② 이름　　　　③ 과일　　　　④ 시간

31.

비빔밥이 맛있습니다. 불고기도 맛있습니다.

① 나라　　　　② 요일　　　　③ 직업　　　　④ 음식

32.

학교에 갑니다. 한국말을 배웁니다.

① 쇼핑　　　　② 공부　　　　③ 운동　　　　④ 여행

33.

저는 봄을 좋아합니다. 봄에는 춥지 않습니다.

① 계절　　　　② 방학　　　　③ 운동　　　　④ 계획

※ [34~39] <보기>와 같이 (   )에 들어갈 말로 가장 알맞은 것을 고르십시오.

― <보 기> ―

목이 마릅니다. (   )을 마십니다.

① 옷　　　② 일　　　❸ 물　　　④ 집

34. (2점)

음악을 (   ). 정말 좋습니다.

① 입습니다　　② 듣습니다　　③ 먹습니다　　④ 읽습니다

35. (2점)

운동을 좋아합니다. 자주 (   )를 합니다.

① 청소　　② 농구　　③ 노래　　④ 요리

36. (2점)

저는 의사입니다. 병원에서 환자를 (   ).

① 삽니다　　② 합니다　　③ 봅니다　　④ 배웁니다

37. (3점)

가방이 (   ). 책이 많지 않습니다.

① 더럽습니다　　② 가깝습니다　　③ 가볍습니다　　④ 외롭습니다

38. **(3점)**

| 저는 배가 고픕니다. 점심을 (   ) 못 먹었습니다. |

① 보통　　　② 아직　　　③ 먼저　　　④ 잠깐

39. **(2점)**

| 저는 도서관에 갑니다. 도서관(   ) 숙제를 합니다. |

① 부터　　　② 에서　　　③ 에게　　　④ 으로

※ [40~42] 다음을 읽고 맞지 <u>않는</u> 것을 고르십시오. (각 3점)

40.

① 이천 원입니다.
② 바나나 맛입니다.
③ 팔월까지 팝니다.
④ 이것은 우유입니다.

41.

① 돈을 냅니다.
② 유월에 합니다.
③ 꽃을 구경합니다.
④ 한강공원에서 합니다.

42.

수미: 저는 주말에 놀이공원에 갔어요. 처음 갔어요.
민수: 그래요? 누구하고 같이 갔어요?
수미: 친구들과 같이 갔어요. 정말 재미있었어요.

① 수미 씨는 놀이공원에 갔습니다.
② 수미 씨는 놀이공원에 자주 갑니다.
③ 수미 씨는 주말에 친구를 만났습니다.
④ 수미 씨는 놀이공원에서 재미있었습니다.

※ [43~45] 다음을 읽고 내용이 같은 것을 고르십시오.

43. (3점)

> 저는 한국말을 잘하지 못합니다. 그래서 한국 친구와 한국말을 공부합니다. 오늘은 친구와 우리 집에서 한국 드라마를 볼 겁니다.

① 저는 오늘 친구 집에 갈 겁니다.
② 저는 학교에서 한국말을 배웁니다.
③ 저는 오늘 한국 드라마를 볼 겁니다.
④ 저는 한국 친구와 극장에 갈 겁니다.

44. (2점)

> 저는 오늘 아침에 늦게 일어났습니다. 그래서 택시를 타고 학교에 갔습니다. 오늘은 일찍 잘 겁니다.

① 저는 매일 일찍 잡니다.
② 저는 보통 늦게 일어납니다.
③ 저는 오늘 택시를 탔습니다.
④ 저는 오늘 학교에 안 갔습니다.

45. (3점)

> 어제 친구가 우리 집에 왔습니다. 저는 음식을 주문해서 친구와 같이 먹었습니다. 그리고 제가 시장에서 산 사과와 배를 먹었습니다.

① 저는 요리를 했습니다.
② 저는 친구 집에 갔습니다.
③ 친구가 과일을 가지고 왔습니다.
④ 친구와 같이 음식을 먹었습니다.

※ [46~48] 다음을 읽고 중심 내용을 고르십시오.

46. (3점)

> 저는 아침마다 집 근처에 있는 공원에서 운동을 합니다. 운동을 하면 스트레스도 풀리고 기분도 좋습니다. 저는 매일 일찍 일어나서 운동을 할 겁니다.

① 저는 아침마다 운동을 하려고 합니다.
② 저는 스트레스가 없었으면 좋겠습니다.
③ 저는 매일 아침에 일찍 일어나고 싶습니다.
④ 저는 집 근처에 공원이 있었으면 좋겠습니다.

47. (3점)

> 제 고향에는 겨울에도 눈이 오지 않습니다. 하지만 한국은 겨울에 눈이 많이 옵니다. 이번 겨울에는 스키를 배워서 친구들과 같이 탔으면 좋겠습니다.

① 저는 눈이 오는 겨울을 좋아합니다.
② 저는 겨울에 고향에 가려고 합니다.
③ 저는 이번 겨울에 스키를 타고 싶습니다.
④ 저는 겨울에 눈이 많이 왔으면 좋겠습니다.

48. (2점)

> 저는 집에 세탁기가 없습니다. 그래서 주말에 빨래방에 갑니다. 빨래방까지 옷을 들고 가기가 힘들어서 세탁기를 사려고 합니다.

① 저는 세탁기가 필요합니다.
② 저는 주말에 빨래를 합니다.
③ 저는 빨래를 하기가 힘듭니다.
④ 저는 빨래를 자주 하지 않습니다.

※ [49~50] 다음을 읽고 물음에 답하십시오. (각 2점)

> 저는 초등학교 영어 선생님입니다. 학생들은 읽기와 쓰기는 싫어하지만 말하기는 아주 좋아합니다. (㉠) 저는 영어로 이야기하는 수업을 자주 합니다. 주말 이야기도 하고 취미 이야기도 합니다. 학생들이 즐겁게 수업을 할 때 저도 기분이 좋습니다.

49. ㉠에 들어갈 말로 가장 알맞은 것을 고르십시오.
① 그리고
② 그래서
③ 그러나
④ 그렇지만

50. 윗글의 내용과 같은 것을 고르십시오.
① 학생들은 말하기 수업을 싫어합니다.
② 학생들은 영어 책 읽기를 좋아합니다.
③ 저는 대학교에서 학생들을 가르칩니다.
④ 저는 영어로 말하는 수업을 자주 합니다.

※ [51~52] 다음을 읽고 물음에 답하십시오.

> 인주시에서는 매년 5월에 '세계 음식 축제'를 엽니다. 인주시 공원에서 열리는 이 축제에서는 여러 나라의 음식을 먹어 볼 수 있습니다. 올해 축제에서는 여러 나라에서 특별한 날에 먹는 음식을 구경하고 함께 만들어 보는 시간이 있습니다. 좋아하는 음식이 있으면 재료를 (㉠) 만든 음식을 살 수 있습니다.

51. ㉠에 들어갈 말로 가장 알맞은 것을 고르십시오. (3점)
 ① 사거나
 ② 사지만
 ③ 사니까
 ④ 사는데

52. 무엇에 대한 내용인지 맞는 것을 고르십시오. (2점)
 ① 축제가 열리는 이유
 ② 축제에 들어가는 방법
 ③ 축제에서 할 수 있는 일
 ④ 축제가 열리는 장소와 시간

※ [53~54] 다음을 읽고 물음에 답하십시오.

> 저는 이가 아파서 오늘 치과에 갔습니다. 그런데 신분증이 없어서 다시 집에 왔습니다. 신분증이 없으면 치료를 받을 수 없습니다. 저는 신분증을 가지고 다시 치과에 갔습니다. 치료를 (㉠) 병원에서 준 약을 먹었습니다. 지금은 아프지 않아서 좋습니다.

53. ㉠에 들어갈 말로 가장 알맞은 것을 고르십시오. (2점)
    ① 받으려면
    ② 받기 전에
    ③ 받고 나서
    ④ 받는 동안

54. 윗글의 내용과 같은 것을 고르십시오. (3점)
    ① 저는 약을 먹지 않았습니다.
    ② 저는 이가 아프지 않았습니다.
    ③ 저는 치과에서 치료를 받았습니다.
    ④ 저는 바빠서 병원에 가지 못했습니다.

※ [55~56] 다음을 읽고 물음에 답하십시오.

> 얼마 전 대학생들이 무료 식당을 열었습니다. 이 식당에서는 점심시간에만 식사를 할 수 있습니다. 하루 200명까지 (㉠   ) 많은 사람들이 이곳을 이용합니다. 특히 돈이 부족한 노인이나 학생들에게 이곳은 큰 도움이 됩니다. 매일 이 식당에서 점심을 먹는 사람도 많습니다.

55. ㉠에 들어갈 말로 가장 알맞은 것을 고르십시오. (2점)
① 노인들만 이용할 수 있어서
② 이 식당에서 일할 수 있어서
③ 학생들을 도와줄 수 있어서
④ 무료로 점심을 먹을 수 있어서

56. 윗글의 내용과 같은 것을 고르십시오. (3점)
① 이 식당에서는 매일 식사를 할 수 없습니다.
② 이 식당에서는 싸게 점심을 먹을 수 있습니다.
③ 이 식당에서는 아침과 저녁을 먹을 수 없습니다.
④ 이 식당에서는 노인과 학생만 식사할 수 있습니다.

※ [57~58] 다음을 순서에 맞게 배열한 것을 고르십시오.

57. (3점)

> (가) 택시에서 내려서 교실까지 뛰어갔습니다.
> (나) 그런데 길이 막혀서 시간이 더 많이 걸렸습니다.
> (다) 오늘은 시간이 없어서 택시를 타고 학교에 갔습니다.
> (라) 조금 늦었지만 수업이 시작되지 않아서 다행이었습니다.

① (다) – (가) – (라) – (나) ② (다) – (나) – (가) – (라)
③ (라) – (가) – (나) – (다) ④ (라) – (나) – (다) – (가)

58. (2점)

> (가) 그리고 손을 자주 씻는 것이 중요합니다.
> (나) 손을 씻을 때는 비누를 사용해서 깨끗하게 씻어야 합니다.
> (다) 감기에 걸리지 않으려면 손으로 코나 입을 만지지 않아야 합니다.
> (라) 날씨가 갑자기 추워지거나 더워지면 감기에 걸리는 사람이 많습니다.

① (다) – (라) – (가) – (나) ② (다) – (가) – (라) – (나)
③ (라) – (가) – (다) – (나) ④ (라) – (다) – (가) – (나)

※ [59~60] 다음을 읽고 물음에 답하십시오.

저는 취미가 아주 많습니다. 여행도 좋아하고 운동도 좋아합니다. 운동을 좋아하기 때문에 여행을 가면 많이 걷습니다. (㉠) 여행도 하고 운동도 할 수 있어서 좋습니다. (㉡) 아름다운 경치나 재미있는 것들을 보면 사진을 찍습니다. (㉢) 사진을 많이 찍어서 마음에 드는 사진은 친구들에게 보냅니다. (㉣)

59. 다음 문장이 들어갈 곳으로 가장 알맞은 것을 고르십시오. (2점)

그리고 저는 사진을 찍는 것도 아주 좋아합니다.

① ㉠   ② ㉡   ③ ㉢   ④ ㉣

60. 윗글의 내용과 같은 것을 고르십시오. (3점)
① 저는 운동하는 것을 좋아합니다.
② 저는 친구들과 같이 여행을 갑니다.
③ 저는 혼자 여행하는 것을 싫어합니다.
④ 저는 친구들의 사진을 많이 찍습니다.

※ [61~62] 다음을 읽고 물음에 답하십시오. (각 2점)

> 저는 바다와 가까운 시골에서 태어났습니다. 그래서 친구들과 자주 바다에 가서 놀았습니다. 저는 그곳에서 고등학교까지 다녔고 지금은 큰 도시에 있는 대학교에 다닙니다. 처음에는 교통도 복잡하고 사람도 많은 도시에서 사는 게 힘들었습니다. (㉠   ) 그리울 때가 많았습니다. 하지만 지금은 복잡하고 시끄러운 도시의 생활이 편하고 재미있습니다.

61. ㉠에 들어갈 말로 가장 알맞은 것을 고르십시오.
　① 아름다운 바다가　　　　　　② 조용한 시골 생활이
　③ 친구가 많은 도시가　　　　　④ 고등학교 때 친구가

62. 윗글의 내용과 같은 것을 고르십시오.
　① 저는 어렸을 때 도시에서 살았습니다.
　② 저는 바다가 있는 시골에 가려고 합니다.
　③ 저는 복잡한 도시 생활에 익숙해졌습니다.
　④ 저는 큰 도시에 있는 대학교에 다니고 싶습니다.

※ [63~64] 다음을 읽고 물음에 답하십시오.

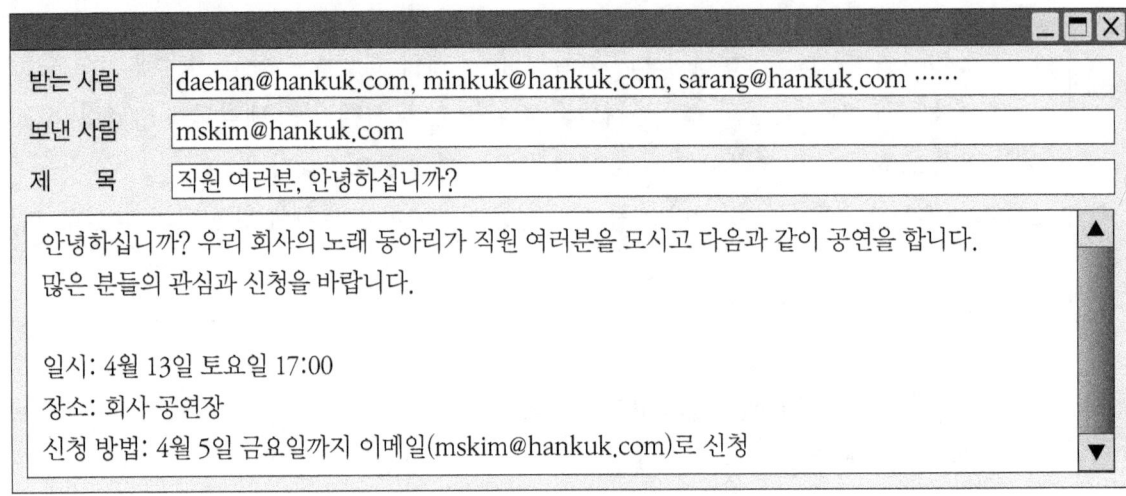

63. 왜 윗글을 썼는지 맞는 것을 고르십시오. (2점)
   ① 노래 동아리 공연 시간을 바꾸려고
   ② 노래 동아리 공연 신청을 받으려고
   ③ 노래 동아리 공연 이유를 설명하려고
   ④ 노래 동아리 공연 준비를 부탁하려고

64. 윗글의 내용과 같은 것을 고르십시오. (3점)
   ① 이 공연은 일주일 동안 열립니다.
   ② 이 공연을 보려면 표를 사야 합니다.
   ③ 이 공연은 매일 오후에 볼 수 있습니다.
   ④ 이 공연을 보려면 이메일로 신청해야 합니다.

※ [65~66] 다음을 읽고 물음에 답하십시오.

> 음악은 사람들의 마음을 편하게 만듭니다. 운전을 할 때 밝은 음악을 들으면 기분이 좋아지고 화가 날 때 조용한 음악을 들으면 스트레스가 풀립니다. 그리고 운동을 할 때는 신나는 음악을 듣습니다. 음악이 운동을 더 잘 할 수 있게 (㉠). 이처럼 다양한 음악을 잘 이용하면 건강에 도움을 받을 수 있습니다.

65. ㉠에 들어갈 말로 가장 알맞은 것을 고르십시오. (2점)
① 도와줘도 됩니다
② 도와줘야 합니다
③ 도와주기 때문입니다
④ 도와준 적이 있습니다

66. 윗글의 내용과 같은 것을 고르십시오. (3점)
① 음악을 들으면 마음이 편해집니다.
② 운전할 때 음악을 들으면 안 됩니다.
③ 조용한 곳에서 음악을 들어야 합니다.
④ 음악은 화가 날 때 도움을 주지 못합니다.

※ [67~68] 다음을 읽고 물음에 답하십시오. (각 3점)

> 땀은 몸에서 열을 내려가게 합니다. 그래서 날씨가 더울 때나 운동을 할 때 (㉠) 것입니다. 땀은 물과 함께 몸의 열을 빼앗아 가기 때문에 체온이 높아지지 않습니다. 하지만 땀을 너무 많이 흘리면 몸 안에 물이 부족해지기 때문에 조심해야 합니다. 운동을 할 때는 물을 자주 마시고 더운 날에는 땀을 많이 흘리지 않도록 시원한 곳에서 쉬어야 합니다.

67. ㉠에 들어갈 말로 가장 알맞은 것을 고르십시오.
① 땀이 많이 나는
② 체온이 올라가는
③ 빨리 피곤해지는
④ 건강이 좋아지는

68. 윗글의 내용과 같은 것을 고르십시오.
① 땀을 많이 흘리면 건강에 좋습니다.
② 땀을 많이 흘리면 체온이 올라갑니다.
③ 땀을 많이 흘리면 몸에 열이 많아집니다.
④ 땀을 많이 흘리면 물을 자주 마셔야 합니다.

※ [69~70] 다음을 읽고 물음에 답하십시오. (각 3점)

> 제가 초등학교 때 학교에 늦게 간 적이 있습니다. 집에서 일찍 출발했는데 길에서 몸이 불편한 할머니를 만났습니다. 할머니는 잘 걷지 못하고 자꾸 길에 앉으셨습니다. 그래서 저는 학교에 가야 하지만 (㉠   ) 할머니를 도와드리기로 했습니다. 저는 할머니의 손을 잡고 버스정류장까지 갔습니다. 그리고 버스 기사 아저씨에게 이야기하고 할머니를 버스에 타게 했습니다. 제가 늦게 교실에 들어갔을 때 아이들과 선생님이 저를 봤습니다. 저는 할머니를 도와드린 이야기를 했습니다. 제 이야기를 들으신 선생님과 친구들은 저를 안아 주고 박수를 쳤습니다.

69. ㉠에 들어갈 말로 가장 알맞은 것을 고르십시오.
① 이야기하는
② 버스에서 본
③ 몸이 불편한
④ 제 손을 잡은

70. 윗글의 내용으로 알 수 있는 것을 고르십시오.
① 제 집은 버스정류장 근처에 있었습니다.
② 저는 버스를 못 타서 학교에 늦었습니다.
③ 선생님은 제가 한 일을 칭찬해 주셨습니다.
④ 길에서 만난 할머니가 저를 도와주셨습니다.

※ 실제 시험의 유형과 난이도에 맞춰 실전 모의고사를 구성하였습니다.
실제 시험 시간에 맞춰 실전 모의고사를 풀고, [책 속의 책]에 있는 OMR 답안지에 답을 체크해 보는 연습을 해 보세요.
Practice test is configured according to the type and difficulty of the actual test.
Take the practice test according to the actual test time, and practice checking the answers on the OMR answer sheet in the [Separate volume].

한국어능력시험
제4회 실전 모의고사

Test of Proficiency in Korean
4th Practice test

TOPIK I

듣기, 읽기
(Listening, Reading)

수험번호(Registration No.)		
이름 (Name)	한국어(Korean)	
	영 어(English)	

유 의 사 항
Information

1. 시험 시작 지시가 있을 때까지 문제를 풀지 마십시오.

   Do not open the booklet until you are allowed to start.

2. 수험번호와 이름을 정확하게 적어 주십시오.

   Write your name and registration number on the answer sheet.

3. 답안지를 구기거나 훼손하지 마십시오.

   Do not fold the answer sheet; keep it clean.

4. 답안지의 이름, 수험번호 및 정답의 기입은 배부된 펜을 사용하여 주십시오.

   Use the given pen only.

5. 정답은 답안지에 정확하게 표시하여 주십시오.

   Mark your answer accurately and clearly on the answer sheet.

   marking example ① ● ③ ④

6. 문제를 읽을 때에는 소리가 나지 않도록 하십시오.

   Keep quiet while answering the questions.

7. 질문이 있을 때에는 손을 들고 감독관이 올 때까지 기다려 주십시오.

   When you have any questions, please raise your hand.

TOPIK Ⅰ 듣기(1번~30번)

※ [1~4] 다음을 듣고 〈보기〉와 같이 물음에 맞는 대답을 고르십시오.

─── 〈보 기〉 ───

가: 한국말을 배워요?
나: _____

❶ 네. 한국말을 배워요.   ② 네. 한국말을 몰라요.
③ 아니요. 한국말이 어려워요.   ④ 아니요. 한국말 좋아해요.

1. (4점)
   ① 네. 미국 사람이에요.   ② 네. 미국 사람이 있어요.
   ③ 아니요. 미국이 아니에요.   ④ 아니요. 미국 사람이 없어요.

2. (4점)
   ① 네. 학교예요.   ② 네. 학교에 가요.
   ③ 아니요. 학교가 없어요.   ④ 아니요. 학교에서 공부해요.

3. (3점)
   ① 주말이 좋아요.   ② 주말에 갈 거예요.
   ③ 친구와 갈 거예요.   ④ 친구를 만날 거예요.

4. (3점)
   ① 수요일이에요.   ② 3월 20일이에요.
   ③ 제 생일이에요.   ④ 오늘부터 방학이에요.

※ [5~6] 다음을 듣고 〈보기〉와 같이 이어지는 말을 고르십시오.

─────────── 〈보 기〉 ───────────

가: 죄송합니다.
나: _____

① 감사합니다.　　　　　　　② 미안합니다.
❸ 괜찮습니다.　　　　　　　④ 반갑습니다.

─────────────────────────────

5. (4점)
① 고마워요.　　　　　　　② 반가워요.
③ 축하해요.　　　　　　　④ 환영해요.

6. (3점)
① 알겠습니다.　　　　　　② 고맙습니다.
③ 잘 지냈습니까?　　　　　④ 만나서 반갑습니다.

※ [7~10] 여기는 어디입니까? 〈보기〉와 같이 알맞은 것을 고르십시오.

─────────── 〈보 기〉 ───────────

가: 여자 옷은 몇 층에 있어요?
나: 4층입니다.

① 서점　　　❷ 백화점　　　③ 편의점　　　④ 우체국

─────────────────────────────

7. (3점)
① 꽃집　　　② 약국　　　③ 가게　　　④ 학교

8. (3점)
① 우체국　　　② 편의점　　　③ 사진관　　　④ 미용실

9. **(3점)**
   ① 서점　　　② 학교　　　③ 회사　　　④ 은행

10. **(4점)**
    ① 식당　　　② 운동장　　　③ 우체국　　　④ 박물관

※ [11~14] 다음은 무엇에 대해 말하고 있습니까? 〈보기〉와 같이 알맞은 것을 고르십시오.

〈보 기〉

가: 동생이 있어요?
나: 아니요. 언니만 있어요.

① 고향　　　② 나이　　　❸ 가족　　　④ 나라

11. **(3점)**
    ① 친구　　　② 국적　　　③ 주소　　　④ 나이

12. **(3점)**
    ① 선물　　　② 날짜　　　③ 휴가　　　④ 휴일

13. **(4점)**
    ① 공부　　　② 장소　　　③ 수업　　　④ 교통

14. **(3점)**
    ① 음악　　　② 운동　　　③ 음식　　　④ 계획

※ [15~16] 다음을 듣고 가장 알맞은 그림을 고르십시오. (각 4점)

15. ①    ②

③    ④

16. ①    ②

③    ④

※ [17~21] 다음을 듣고 〈보기〉와 같이 대화 내용과 같은 것을 고르십시오. (각 3점)

―― 〈보 기〉 ――

여자: 어디에 여행을 갔어요?
남자: 친구들과 부산에 갔어요.

① 여자는 여행을 좋아합니다.
② 여자는 친구들과 만납니다.
❸ 남자는 여행을 갔다 왔습니다.
④ 남자는 가족들과 여행을 갔습니다.

17. ① 남자는 제주도에서 일을 합니다.
    ② 여자는 휴가 때 집에서 쉴 겁니다.
    ③ 여자는 제주도에서 남자를 만날 겁니다.
    ④ 남자는 여자와 같이 휴가를 보내고 싶어 합니다.

18. ① 남자는 여자들에게 인기가 많습니다.
    ② 남자는 여자 친구에게 선물을 줄 겁니다.
    ③ 여자는 남자에게 선물을 받고 좋아합니다.
    ④ 여자는 남자와 같이 선물을 사고 있습니다.

19. ① 여자는 자전거를 잘 탑니다.
    ② 남자는 아르바이트를 하고 싶어 합니다.
    ③ 남자는 토요일 오전에 여자를 만날 겁니다.
    ④ 여자는 토요일에 남자와 저녁을 먹을 겁니다.

20. ① 여자는 한식집에 있습니다.
    ② 남자는 불고기를 잘 만듭니다.
    ③ 남자는 이 식당에 처음 왔습니다.
    ④ 여자는 냉면을 좋아하지 않습니다.

21. ① 여자는 필요한 약을 준비했습니다.
    ② 여자는 해외여행을 간 적이 없습니다.
    ③ 남자는 여자와 같이 여행을 갈 겁니다.
    ④ 남자는 소화제를 사서 여자에게 주었습니다.

※ [22~24] 다음을 듣고 여자의 중심 생각을 고르십시오. (각 3점)

22. ① 도서관에서 공부하는 것이 좋습니다.
    ② 마이클 씨와 같이 공부하고 싶습니다.
    ③ 한국 친구를 사귀는 것이 쉽지 않습니다.
    ④ 한국 사람과 말하기 연습을 하는 것이 좋습니다.

23. ① 여행을 취소하고 싶습니다.
    ② 일기예보가 도움이 됩니다.
    ③ 제주도에 여행을 가고 싶습니다.
    ④ 여행 장소를 바꾸는 것이 좋습니다.

24. ① 모임에 꼭 와야 합니다.
    ② 모임에 못 오면 연락해야 합니다.
    ③ 동창들이 자주 전화하면 좋겠습니다.
    ④ 동창회 모임보다 회사 일이 더 중요합니다.

※ [25~26] 다음을 듣고 물음에 답하십시오.

25. 여자가 왜 이 이야기를 하고 있는지 고르십시오. (3점)
    ① 지갑을 찾으려고
    ② 식당가를 안내하려고
    ③ 지갑 주인을 찾으려고
    ④ 고객 센터 위치를 알려주려고

26. 들은 내용과 같은 것을 고르십시오. (4점)
    ① 이 지갑은 여자 지갑입니다.
    ② 고객 센터는 8층에 있습니다.
    ③ 식당가에서 지갑을 주웠습니다.
    ④ 지갑에 신분증이 들어 있습니다.

※ [27~28] 다음을 듣고 물음에 답하십시오.

27. 두 사람이 무엇에 대해 이야기를 하고 있는지 고르십시오. (3점)
    ① 버스의 좋은 점
    ② 자주 이용하는 교통
    ③ 서울역에 가는 방법
    ④ 퇴근 시간의 문제점

28. 들은 내용과 같은 것을 고르십시오. (4점)
    ① 여자는 시청역에 가려고 합니다.
    ② 여자는 지하철을 갈아탈 겁니다.
    ③ 남자는 2호선을 타고 갈 겁니다.
    ④ 남자는 30분 후에 퇴근할 겁니다.

※ [29~30] 다음을 듣고 물음에 답하십시오.

29. 남자가 만화를 그리게 된 이유를 고르십시오. (3점)
    ① 공부를 잘 못해서
    ② 만화 영화를 좋아해서
    ③ 친구들을 사귀고 싶어서
    ④ 만화 영화의 주인공이 되고 싶어서

30. 들은 내용과 같은 것을 고르십시오. (4점)
    ① 남자는 만화 영화 감독입니다.
    ② 남자는 어릴 때부터 만화를 그렸습니다.
    ③ 남자는 만화 영화를 만든 적이 있습니다.
    ④ 남자는 지금도 만화 영화 주인공을 그립니다.

TOPIK Ⅰ 읽기(31번~70번)

※ [31~33] 무엇에 대한 내용입니까? 〈보기〉와 같이 알맞은 것을 고르십시오. (각 2점)

―〈보 기〉―

사과가 맛있습니다. 바나나도 맛있습니다.

❶ 과일　　　② 날씨　　　③ 직업　　　④ 나이

31. 저는 선생님입니다. 동생은 은행원입니다.

① 나라　　　② 직업　　　③ 이름　　　④ 시간

32. 식당에 갑니다. 음식을 시킵니다.

① 쇼핑　　　② 공부　　　③ 주문　　　④ 여행

33. 학교가 멀지 않습니다. 버스를 안 탑니다.

① 쇼핑　　　② 수업　　　③ 여행　　　④ 위치

※ [34~39] 〈보기〉와 같이 (   )에 들어갈 말로 가장 알맞은 것을 고르십시오.

─── 〈보 기〉 ───

눈이 나쁩니다. (   )을 씁니다.

① 우산　　② 가방　　❸ 안경　　④ 모자

34. (2점)

옷을 (   ). 옷이 예쁩니다.

① 입습니다　　② 만납니다　　③ 신습니다　　④ 읽습니다

35. (2점)

요리를 좋아합니다. 매일 (   )을 만듭니다.

① 운동　　② 과일　　③ 음식　　④ 그림

36. (2점)

저는 옷 가게 직원입니다. 가게에서 옷을 (   ).

① 삽니다　　② 팝니다　　③ 봅니다　　④ 만듭니다

37. (3점)

교실이 (   ). 학생이 없습니다.

① 튼튼합니다　　② 지루합니다　　③ 심심합니다　　④ 조용합니다

38. **(3점)**

| 저는 쇼핑을 좋아합니다. 시장에 (   ) 갑니다. |

① 아까　　　② 매우　　　③ 자주　　　④ 일찍

39. **(2점)**

| 저는 일찍 일어납니다. 일곱 시(   ) 일어납니다. |

① 가　　　② 에　　　③ 를　　　④ 로

※ [40~42] 다음을 읽고 맞지 <u>않는</u> 것을 고르십시오. (각 3점)

40.

① 과일 맛입니다.
② 천사백 원입니다.
③ 이것은 주스입니다.
④ 십이월까지 팝니다.

41.

- 노래 동아리 모임 -

- 매주 금요일 오후 5시
- 학교 음악실
- 여러 나라 노래 연습

① 금요일에 만납니다.
② 학교에서 연습합니다.
③ 한국 노래만 배웁니다.
④ 일주일에 한 번 모입니다.

42.

수미: 저는 지금 머리가 많이 아파요. 같이 병원에 갈 수 있어요?
민수: 네, 제가 수미 씨 집으로 가겠어요.
수미: 고마워요.

① 수미 씨는 지금 아픕니다.
② 수미 씨는 병원에 갈 겁니다.
③ 민수 씨는 수미 씨를 도와 줄 겁니다.
④ 민수 씨는 지금 수미 씨 집에 있습니다.

※ [43~45] 다음을 읽고 내용이 같은 것을 고르십시오.

43. (3점)

> 저는 수영을 못합니다. 그래서 요즘 집 근처 수영장에서 수영을 배웁니다. 여름에 친구들과 바다에서 수영을 할 겁니다.

① 저는 수영을 아주 잘합니다.
② 저는 여름에 바다에 갈 겁니다.
③ 저는 요즘 바다에 자주 갑니다.
④ 저는 친구들과 수영을 배울 겁니다.

44. (2점)

> 저는 어제 케이크를 만들었습니다. 오늘 친구에게 생일 선물로 줄 겁니다. 저는 케이크를 예쁘게 포장했습니다.

① 저는 어제 케이크를 샀습니다.
② 저는 친구 생일 선물을 샀습니다.
③ 저는 친구에게 케이크를 줄 겁니다.
④ 저는 친구하고 케이크를 만들 겁니다.

45. (3점)

> 오늘 처음 친구들과 같이 경복궁에 갔습니다. 주말이 아니었지만 사람이 많았습니다. 친구와 저는 한복을 빌려서 입고 구경을 했습니다.

① 오늘은 주말이 아니었습니다.
② 저는 경복궁에 자주 갔습니다.
③ 친구와 저는 한복을 샀습니다.
④ 경복궁에 사람이 많지 않았습니다.

※ [46~48] 다음을 읽고 중심 내용을 고르십시오.

46. (3점)

> 저는 아직 한국 친구가 없습니다. 그래서 혼자 있을 때가 많습니다. 같이 놀고 같이 공부할 수 있는 한국 친구를 사귀었으면 좋겠습니다.

① 저는 한국 친구와 살고 싶습니다.
② 저는 한국 친구와 같이 놀고 싶습니다.
③ 저는 한국에서 공부했으면 좋겠습니다.
④ 저는 한국 친구가 있었으면 좋겠습니다.

47. (3점)

> 저는 대학교에서 경제학을 공부합니다. 졸업하면 한국 회사에서 일하고 싶습니다. 그래서 경제학도 열심히 공부하고 한국어도 열심히 배우고 있습니다.

① 저는 한국어를 배우고 싶습니다.
② 저는 대학교에서 공부하려고 합니다.
③ 저는 경제학을 공부했으면 좋겠습니다.
④ 저는 한국 회사에서 일했으면 좋겠습니다.

48. (2점)

> 제가 사는 기숙사에 부엌이 없습니다. 그래서 매일 식당에서 식사를 하는데 맛이 없습니다. 제가 먹고 싶은 음식을 만들어서 먹으면 좋겠습니다.

① 저는 새 집을 찾으려고 합니다.
② 저는 요리를 해서 먹고 싶습니다.
③ 저는 맛있는 식당에 가고 싶습니다.
④ 저는 식당에서 식사를 했으면 좋겠습니다.

※ [49~50] 다음을 읽고 물음에 답하십시오. (각 2점)

> 저는 그림 그리는 것을 좋아합니다. 친구들 얼굴도 그리고 예쁜 꽃도 그립니다. 저는 그림을 그릴 때 기분이 (㉠) 마음이 편해집니다. 그리고 저는 가끔 친구들에게 그림을 선물로 줍니다. 친구들이 제 그림을 받고 좋아하면 저도 기분이 좋습니다.

49. ㉠에 들어갈 말로 가장 알맞은 것을 고르십시오.
① 좋아지고
② 좋아지면
③ 좋아지지만
④ 좋아지는데

50. 윗글의 내용과 같은 것을 고르십시오.
① 저는 친구들과 같이 그림을 그립니다.
② 저는 꽃을 구경하는 것을 좋아합니다.
③ 친구들은 가끔 저에게 그림을 선물합니다.
④ 친구들은 제 그림 선물을 받고 좋아합니다.

※ [51~52] 다음을 읽고 물음에 답하십시오.

> 인주시에서는 올해 '함께 걷기 대회'를 엽니다. 이번 대회는 인주시 공원에서 출발해서 인주시 시장과 인주시 시청을 지납니다. 그리고 인주시 박물관 앞에서 끝납니다. 가족이나 친구들과 함께 (㉠) 인주시의 여기저기를 구경할 수 있습니다. 대회가 열리는 공원과 시장, 시청, 박물관은 많은 사람들이 찾는 곳입니다.

51. ㉠에 들어갈 말로 가장 알맞은 것을 고르십시오. (3점)
① 걷거나
② 걷지만
③ 걸으면서
④ 걸으니까

52. 무엇에 대한 내용인지 맞는 것을 고르십시오. (2점)
① 대회가 열리는 이유
② 대회가 열리는 장소
③ 대회가 열리는 날짜
④ 대회가 열리는 순서

※ [53~54] 다음을 읽고 물음에 답하십시오.

> 오늘은 아침부터 계속 비가 왔습니다. 저는 밖에 나가지 않고 집에서 텔레비전도 보고 공부도 했습니다. 하지만 혼자 있으니까 재미없었습니다. 저는 친구에게 전화를 하고 싶었습니다. 저는 친구에게 전화를 (㉠) 시간이 있는지 먼저 문자메시지를 보냈습니다.

53. ㉠에 들어갈 말로 가장 알맞은 것을 고르십시오. (2점)
① 하려면 ② 한 후에
③ 하기 전에 ④ 하는 동안

54. 윗글의 내용과 같은 것을 고르십시오. (3점)
① 저는 오늘 친구 집에 갔습니다.
② 저는 오늘 집에서 공부를 했습니다.
③ 저는 오늘 친구와 같이 있었습니다.
④ 저는 오늘 친구하고 밖에 나갔습니다.

※ [55~56] 다음을 읽고 물음에 답하십시오.

> 오랫동안 다양한 김치를 팔아서 많은 돈을 번 식품 회사가 김치 박물관을 만들었습니다. 이 박물관에서는 여러 가지 재료로 만든 김치를 구경하고 먹어 볼 수 있습니다. 그리고 (㉠) 김치 교실은 사람들에게 인기가 많습니다. 사람들은 자기가 만든 김치를 집에 가지고 갈 수 있습니다.

55. ㉠에 들어갈 말로 가장 알맞은 것을 고르십시오. (2점)
   ① 김치를 구경할 수 있는　　　　② 김치를 먹어 볼 수 있는
   ③ 김치를 많이 팔 수 있는　　　　④ 김치를 만들어 볼 수 있는

56. 윗글의 내용과 같은 것을 고르십시오. (3점)
   ① 김치 박물관에서 김치를 살 수 있습니다.
   ② 김치 박물관은 식품 회사가 만들었습니다.
   ③ 김치 박물관은 오랫동안 김치를 팔았습니다.
   ④ 김치 박물관에서 김치를 먹어 볼 수 없습니다.

※ [57~58] 다음을 순서에 맞게 배열한 것을 고르십시오.

57. (3점)

> (가) 안내방송을 듣고 미술관 앞에서 내렸습니다.
> (나) 그림을 보러 미술관에 가려고 친구를 만났습니다.
> (다) 그런데 버스에 빈 자리가 없어서 서서 갔습니다.
> (라) 학교 앞에 있는 버스정류장에서 버스를 탔습니다.

① (가) – (다) – (라) – (나)
② (가) – (나) – (다) – (라)
③ (나) – (가) – (라) – (다)
④ (나) – (라) – (다) – (가)

58. (2점)

> (가) 통화를 하거나 문자메시지와 이메일을 주고받습니다.
> (나) 요즘 우리는 휴대전화로 다양한 일을 할 수 있습니다.
> (다) 그리고 사진을 찍거나 여러 가지 정보를 찾을 수 있습니다.
> (라) 그래서 휴대전화가 있으면 컴퓨터가 없어도 불편하지 않습니다.

① (가) – (라) – (다) – (나)
② (가) – (다) – (라) – (나)
③ (나) – (다) – (가) – (라)
④ (나) – (가) – (다) – (라)

※ [59~60] 다음을 읽고 물음에 답하십시오.

저는 요즘 걸어서 학교에 가고 걸어서 집에 옵니다. 전에는 버스를 타거나 택시를 탔습니다. (㉠) 하지만 운동을 할 시간이 없어서 학교까지 걸으면서 운동을 합니다. (㉡) 시간이 많이 걸리고 힘들지만 건강이 많이 좋아졌습니다. (㉢) 오고가는 사람들과 길에서 물건을 파는 사람들을 봅니다. (㉣) 가끔 길에서 떡볶이나 튀김을 사서 먹습니다.

59. 다음 문장이 들어갈 곳으로 가장 알맞은 것을 고르십시오. (2점)

그리고 걸으면서 이것저것 구경을 하는 것도 재미있습니다.

① ㉠   ② ㉡   ③ ㉢   ④ ㉣

60. 윗글의 내용과 같은 것을 고르십시오. (3점)
① 저는 시장에서 떡볶이를 삽니다.
② 저는 매일 버스나 택시를 탑니다.
③ 저는 요즘 걸어서 학교에 다닙니다.
④ 저는 길에서 파는 음식을 싫어합니다.

※ [61~62] 다음을 읽고 물음에 답하십시오. (각 2점)

요즘 외국에서 여행하는 경험을 소개하는 방송 프로그램이 많습니다. 유명한 배우나 가수들이 외국에 가서 여기저기 구경도 하고 다양한 문화를 경험하는 모습을 보여 줍니다. 지금은 시간이 없거나 돈이 없어서 (㉠) 사람들이 이런 방송을 보면서 즐깁니다. 그리고 아름다운 경치와 맛있는 음식, 다양한 생활을 경험할 수 있는 여행을 계획합니다.

61. ㉠에 들어갈 말로 가장 알맞은 것을 고르십시오.
    ① 방송에 나올 수 없는
    ② 프로그램을 볼 수 없는
    ③ 쉽게 여행을 할 수 없는
    ④ 유명한 배우를 만날 수 없는

62. 윗글의 내용과 같은 것을 고르십시오.
    ① 요즘 시간이 없거나 돈이 없는 사람이 많습니다.
    ② 요즘 유명한 배우나 가수가 방송에 많이 나옵니다.
    ③ 요즘 해외여행의 경험을 소개하는 방송이 많습니다.
    ④ 요즘 외국의 다양한 음식을 소개하는 사람들이 많습니다.

※ [63~64] 다음을 읽고 물음에 답하십시오.

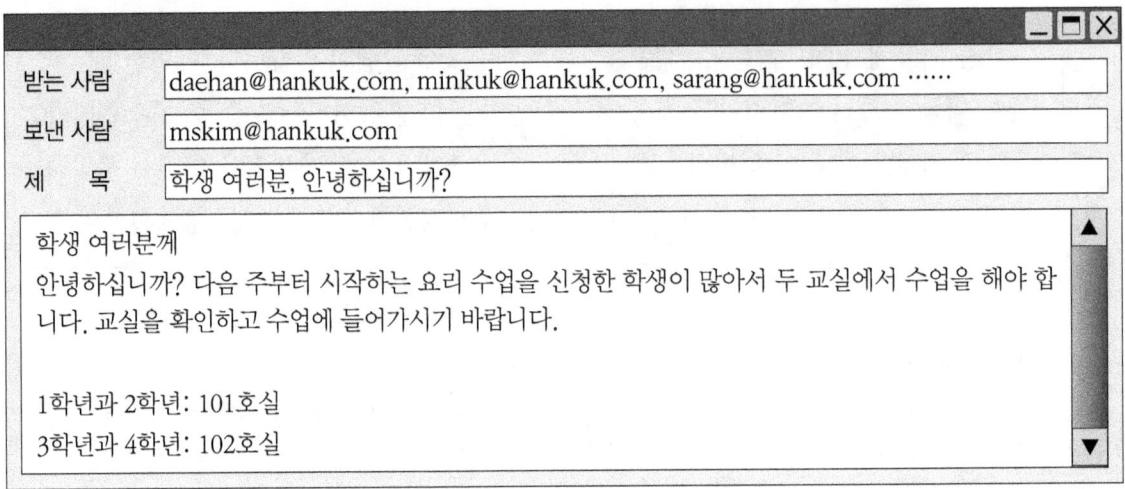

63. 왜 윗글을 썼는지 맞는 것을 고르십시오. (2점)
    ① 수업 신청을 받으려고
    ② 수업 날짜를 바꾸려고
    ③ 수업 장소를 안내하려고
    ④ 수업 시간을 알려 주려고

64. 윗글의 내용과 같은 것을 고르십시오. (3점)
    ① 이 수업은 두 번 들어야 합니다.
    ② 이 수업은 많은 학생이 듣습니다.
    ③ 이 수업은 다음 주에 신청합니다.
    ④ 이 수업은 교실을 선택할 수 있습니다.

※ [65~66] 다음을 읽고 물음에 답하십시오.

> 소금을 건강에 나쁜 것으로 생각하는 사람들이 많습니다. 하지만 소금은 우리 몸에 없어서는 안 되는 것이기 때문에 꼭 (㉠). 소금은 우리 몸 안에서 제일 열심히 일을 하지만 몸 안에서 만들 수 없습니다. 그리고 과일이나 채소에서도 소금을 찾기가 어렵습니다. 그래서 예전에는 아주 비싼 돈을 주고 소금을 사서 먹었습니다.

65. ㉠에 들어갈 말로 가장 알맞은 것을 고르십시오. (2점)
① 먹어야 합니다
② 먹어도 됩니다
③ 먹으면 안 됩니다
④ 먹었으면 좋겠습니다

66. 윗글의 내용과 같은 것을 고르십시오. (3점)
① 소금은 우리 몸에 나쁜 일을 합니다.
② 사람은 소금을 먹지 않으면 안 됩니다.
③ 예전에는 소금을 아주 싸게 팔았습니다.
④ 과일과 채소는 소금을 만들 수 있습니다.

※ [67~68] 다음을 읽고 물음에 답하십시오. (각 3점)

> 요즘 스마트폰은 우리 생활에 없어서는 안 되는 물건이 되었습니다. (㉠) 친구를 사귀기도 어렵고 회사생활도 할 수 없기 때문입니다. 하지만 너무 오랜 시간 스마트폰을 사용하면 건강에 문제가 생깁니다. 목이 아프거나 눈이 나빠집니다. 그리고 스마트폰이 손에 없으면 불안해하는 사람들도 있습니다. 건강한 생활을 위해서는 스마트폰을 사용하는 시간과 방법을 잘 관리해야 합니다.

67. ㉠에 들어갈 말로 가장 알맞은 것을 고르십시오.
   ① 스마트폰을 버리지 않으면
   ② 스마트폰을 오래 사용하면
   ③ 스마트폰을 사용하지 않으면
   ④ 스마트폰을 손에 들고 있으면

68. 윗글의 내용과 같은 것을 고르십시오.
   ① 스마트폰을 생활에서 없애는 것이 좋습니다.
   ② 스마트폰을 계속 들고 다니면 불안해집니다.
   ③ 스마트폰을 오래 사용하면 건강이 나빠집니다.
   ④ 스마트폰 사용이 회사생활을 어렵게 만듭니다.

※ [69~70] 다음을 읽고 물음에 답하십시오. (각 3점)

> 얼마 전 우리 아파트 놀이터에서 싸우고 있는 두 아이를 봤습니다. 조금 전까지 사이좋게 같이 놀았는데 왜 싸우는지 궁금했습니다. 한 아이가 울면서 손에 있는 인형을 저에게 보여 줬습니다. 그런데 인형의 얼굴에 까만색 볼펜으로 그림이 그려져 있었습니다. 아마 다른 한 아이가 그렇게 한 것 같았습니다. 저는 가방에서 과자를 한 봉지 꺼내서 울고 있는 아이에게 주었습니다. (㉠   ) 아이는 금방 얼굴이 밝아지면서 저에게 인사를 했습니다. 인형의 얼굴에 그림을 그린 아이는 미안한 얼굴로 서 있었습니다. 인형에 그림을 그린 아이도 그림 때문에 우는 아이도 모두 귀여웠습니다.

69. ㉠에 들어갈 말로 가장 알맞은 것을 고르십시오.
① 인형을 준
② 과자를 산
③ 과자를 받은
④ 인형을 꺼낸

70. 윗글의 내용으로 알 수 있는 것을 고르십시오.
① 인형에 그림을 그린 아이는 저에게 고마워했습니다.
② 저는 놀이터에서 싸운 두 아이가 귀여워 보였습니다.
③ 울고 있는 아이가 저에게 미안한 얼굴로 말했습니다.
④ 저는 인형에 그림을 그린 아이에게 과자를 주었습니다.

※ 실제 시험의 유형과 난이도에 맞춰 실전 모의고사를 구성하였습니다.
　실제 시험 시간에 맞춰 실전 모의고사를 풀고, [책 속의 책]에 있는 OMR 답안지에 답을 체크해 보는 연습을 해 보세요.
　Practice test is configured according to the type and difficulty of the actual test.
　Take the practice test according to the actual test time, and practice checking the answers on the OMR answer sheet in the [Separate volume].

한국어능력시험
제5회 실전 모의고사

Test of Proficiency in Korean
5th Practice test

TOPIK I

듣기, 읽기
(Listening, Reading)

수험번호(Registration No.)		
이름 (Name)	한국어(Korean)	
	영 어(English)	

유 의 사 항
Information

1. 시험 시작 지시가 있을 때까지 문제를 풀지 마십시오.

   Do not open the booklet until you are allowed to start.

2. 수험번호와 이름을 정확하게 적어 주십시오.

   Write your name and registration number on the answer sheet.

3. 답안지를 구기거나 훼손하지 마십시오.

   Do not fold the answer sheet; keep it clean.

4. 답안지의 이름, 수험번호 및 정답의 기입은 배부된 펜을 사용하여 주십시오.

   Use the given pen only.

5. 정답은 답안지에 정확하게 표시하여 주십시오.

   Mark your answer accurately and clearly on the answer sheet.

   marking example | ① ● ③ ④ |

6. 문제를 읽을 때에는 소리가 나지 않도록 하십시오.

   Keep quiet while answering the questions.

7. 질문이 있을 때에는 손을 들고 감독관이 올 때까지 기다려 주십시오.

   When you have any questions, please raise your hand.

TOPIK I 듣기(1번~30번)

※ [1~4] 다음을 듣고 〈보기〉와 같이 물음에 맞는 대답을 고르십시오.

〈보 기〉

가: 한국말을 배워요?
나: _____

❶ 네. 한국말을 배워요.   ② 네. 한국말을 몰라요.
③ 아니요. 한국말이 어려워요.   ④ 아니요. 한국말 좋아해요.

1. **(4점)**
   ① 네. 가족을 좋아해요.   ② 네. 가족사진을 찍어요.
   ③ 아니요. 가족사진이 없어요.   ④ 아니요. 가족사진이 아니에요.

2. **(4점)**
   ① 네. 기숙사에 살아요.   ② 네. 기숙사가 좋아요.
   ③ 아니요. 기숙사가 가까워요.   ④ 아니요. 기숙사가 아니에요.

3. **(3점)**
   ① 12시에 먹었어요.   ② 친구와 먹었어요.
   ③ 냉면을 먹었어요.   ④ 학생식당에서 먹었어요.

4. **(3점)**
   ① 어제 마셨어요.   ② 두 잔 마셨어요.
   ③ 친구와 마셨어요.   ④ 식당에서 마셨어요.

※ [5~6] 다음을 듣고 <보기>와 같이 이어지는 말을 고르십시오.

―――――――――――― <보 기> ――――――――――――

가: 죄송합니다.
나: ＿＿＿＿＿＿＿

① 감사합니다.　　　　　　　② 미안합니다.
❸ 괜찮습니다.　　　　　　　④ 반갑습니다.

5. (4점)
① 잘 자요.　　　　　　　　② 잘 가요.
③ 반가워요.　　　　　　　　④ 어서 오세요.

6. (3점)
① 미안합니다.　　　　　　　② 알겠습니다.
③ 그렇습니다.　　　　　　　④ 환영합니다.

※ [7~10] 여기는 어디입니까? <보기>와 같이 알맞은 것을 고르십시오.

―――――――――――― <보 기> ――――――――――――

가: 여자 옷은 몇 층에 있어요?
나: 4층입니다.

① 서점　　　　❷ 백화점　　　　③ 편의점　　　　④ 우체국

7. (3점)
① 식당　　　　② 꽃집　　　　③ 회사　　　　④ 빵집

8. (3점)
① 사진관　　　　② 미술관　　　　③ 빨래방　　　　④ 운동장

9. **(3점)**
   ① 공항　　　② 공원　　　③ 정류장　　　④ 기차역

10. **(4점)**
    ① 서점　　　② 회사　　　③ 극장　　　④ 약국

※ [11~14] 다음은 무엇에 대해 말하고 있습니까? 〈보기〉와 같이 알맞은 것을 고르십시오.

〈보 기〉

가: 동생이 있어요?
나: 아니요. 언니만 있어요.

① 고향　　　② 나이　　　❸ 가족　　　④ 나라

11. **(3점)**
    ① 고향　　　② 형제　　　③ 선물　　　④ 부모님

12. **(3점)**
    ① 음식　　　② 이름　　　③ 취미　　　④ 식당

13. **(4점)**
    ① 교통　　　② 공부　　　③ 계절　　　④ 계획

14. **(3점)**
    ① 건강　　　② 운동　　　③ 위치　　　④ 장소

※ [15~16] 다음을 듣고 가장 알맞은 그림을 고르십시오. (각 4점)

15. ①

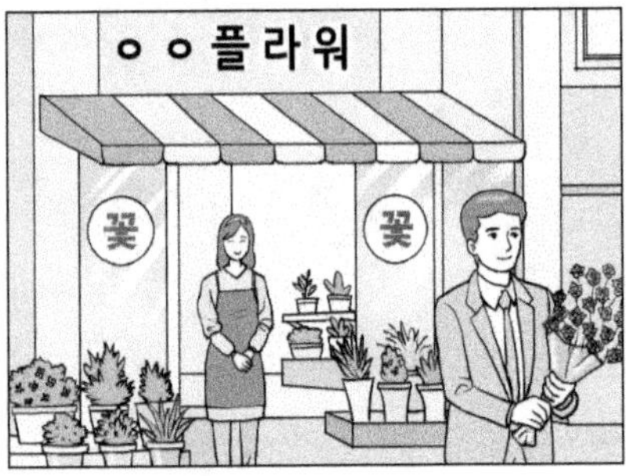

②

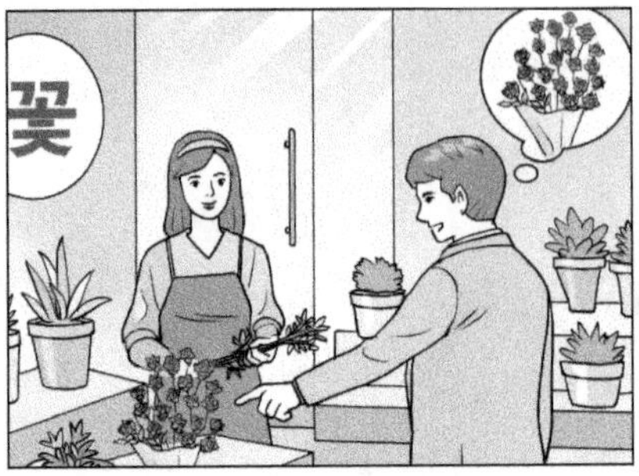

③

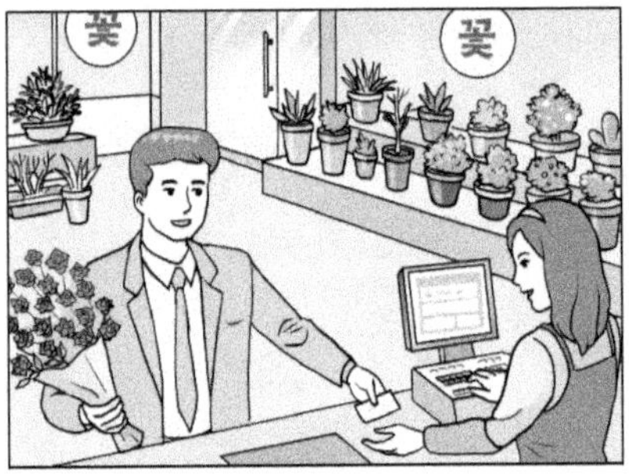

④

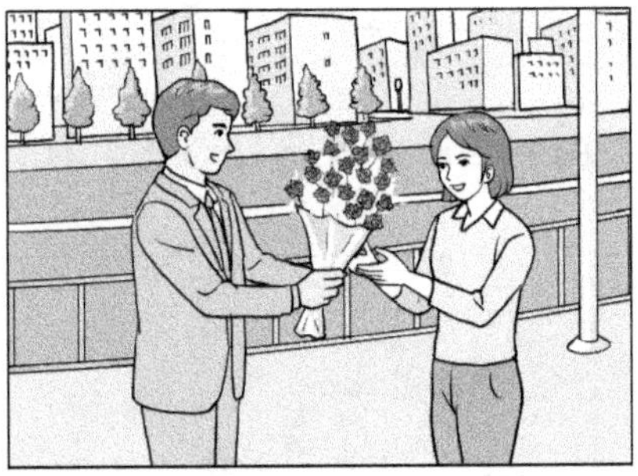

16. ①

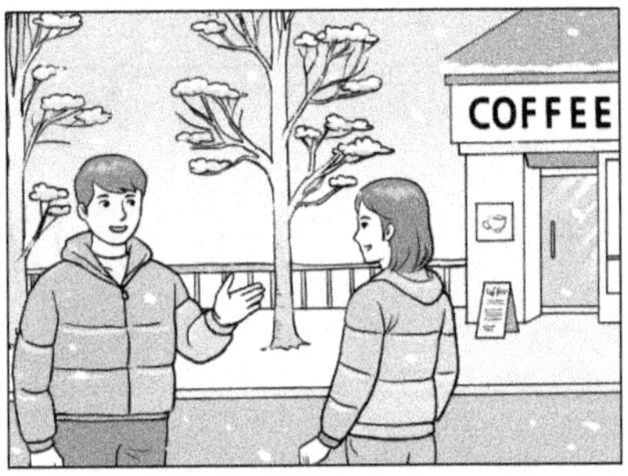

②

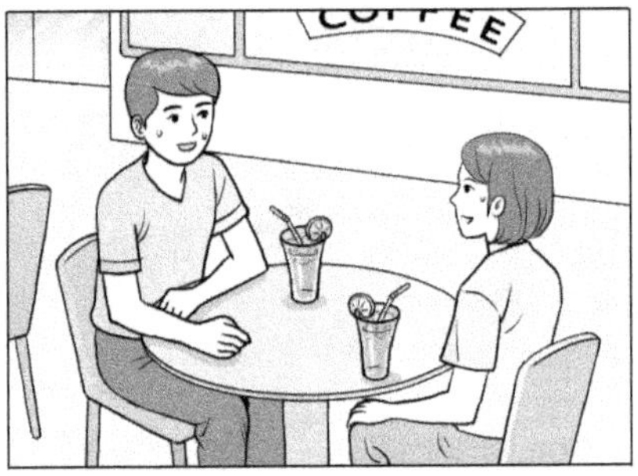

③

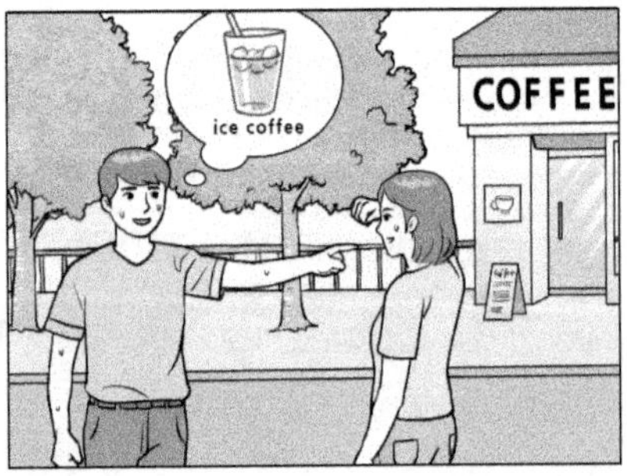

④

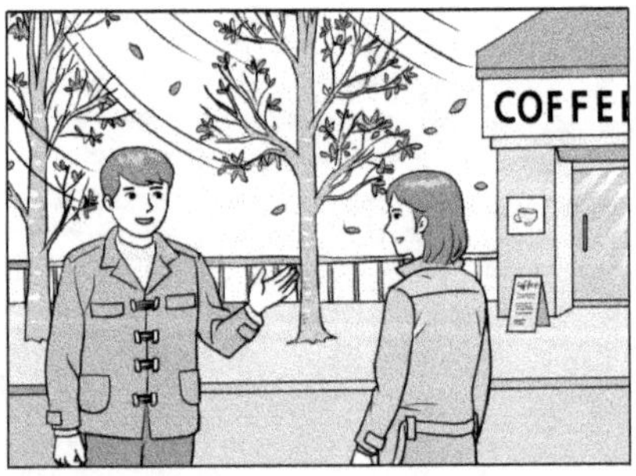

※ [17~21] 다음을 듣고 〈보기〉와 같이 대화 내용과 같은 것을 고르십시오. (각 3점)

〈보 기〉

여자: 어디에 여행을 갔어요?
남자: 친구들과 부산에 갔어요.

① 여자는 여행을 좋아합니다.　　② 여자는 친구들과 만납니다.
❸ 남자는 여행을 갔다 왔습니다.　④ 남자는 가족들과 여행을 갔습니다.

17. ① 여자는 혼자 도서관에 갑니다.
　　② 남자는 도서관에서 공부할 겁니다.
　　③ 여자는 커피를 마시고 싶어 합니다.
　　④ 남자는 여자와 같이 카페에 가고 싶어 합니다.

18. ① 여자는 주말에 이사했습니다.
　　② 남자는 회사 근처에서 삽니다.
　　③ 여자는 이사하는 것이 아주 힘들었습니다.
　　④ 남자는 여자가 이사하는 것을 도와줬습니다.

19. ① 여자는 무서운 영화를 좋아합니다.
　　② 여자는 남자와 공포 영화를 볼 겁니다.
　　③ 남자는 친구들과 공포 영화를 봤습니다.
　　④ 남자는 여자와 영화를 보고 싶어 합니다.

20. ① 남자는 서울역에 있습니다.
　　② 여자는 시청에 가려고 합니다.
　　③ 여자는 버스를 타고 싶어 합니다.
　　④ 남자는 472번 버스를 타려고 합니다.

21. ① 여자는 오늘 환전하려고 합니다.
    ② 여자는 오늘의 환율을 모릅니다.
    ③ 남자는 다음 주에 다시 올 겁니다.
    ④ 남자는 오늘 환전하지 않을 겁니다.

※ [22~24] 다음을 듣고 여자의 중심 생각을 고르십시오. (각 3점)

22. ① 아플 때는 쉬는 것이 좋습니다.
    ② 집에 있으면 머리가 더 아픕니다.
    ③ 몸이 좋지 않으면 가볍게 운동해야 합니다.
    ④ 감기에 걸리지 않으려면 운동을 해야 합니다.

23. ① 운동을 해야 합니다.
    ② 한국 친구를 사귀고 싶습니다.
    ③ 동아리 활동을 하는 것이 좋습니다.
    ④ 한국 친구와 축구를 하고 싶습니다.

24. ① 기차표를 예매해야 합니다.
    ② 휴가를 가고 싶지 않습니다.
    ③ 대중교통을 이용하는 것이 좋습니다.
    ④ 고속도로에서 운전하는 것은 위험합니다.

※ [25~26] 다음을 듣고 물음에 답하십시오.

25. 여자가 왜 이 이야기를 하고 있는지 고르십시오. (3점)
    ① 행사를 준비하려고
    ② 행사 선물을 주려고
    ③ 행사 내용을 알리려고
    ④ 행사 기간을 말하려고

26. 들은 내용과 같은 것을 고르십시오. (4점)
    ① 일주일 동안 행사를 합니다.
    ② 모든 손님에게 라면을 줍니다.
    ③ 과일보다 생선을 더 싸게 팝니다.
    ④ 5만 원 이상 사면 선물을 받습니다.

※ [27~28] 다음을 듣고 물음에 답하십시오.

27. 두 사람이 무엇에 대해 이야기를 하고 있는지 고르십시오. (3점)
    ① 도시락을 싸는 이유
    ② 회사 식당의 좋은 점
    ③ 도시락과 김밥의 비교
    ④ 점심 식사로 힘들어하는 직원

28. 들은 내용과 같은 것을 고르십시오. (4점)
    ① 남자는 김밥을 좋아합니다.
    ② 남자는 보통 점심을 안 먹습니다.
    ③ 여자는 점심에 도시락을 먹습니다.
    ④ 여자는 음식값이 비싸서 식당에 안 갑니다.

※ [29~30] 다음을 듣고 물음에 답하십시오.

29. 남자가 등산을 시작한 이유를 고르십시오. **(3점)**
    ① 건강해지려고
    ② 산악인이 되고 싶어서
    ③ 친구들과 놀고 싶어서
    ④ 부모님이 산을 좋아하셔서

30. 들은 내용과 같은 것을 고르십시오. **(4점)**
    ① 남자는 이번에 혼자 등산했습니다.
    ② 남자는 어렸을 때부터 건강했습니다.
    ③ 남자는 어렸을 때 등산을 싫어했습니다.
    ④ 남자는 대학교 때 동아리 활동을 했습니다.

TOPIK Ⅰ 읽기(31번~70번)

※ [31~33] 무엇에 대한 내용입니까? 〈보기〉와 같이 알맞은 것을 고르십시오. (각 2점)

― 〈보 기〉 ―
저는 공무원입니다. 누나는 변호사입니다.

❶ 직업　　　② 날씨　　　③ 음식　　　④ 나이

31.
당근이 비쌉니다. 오이도 비쌉니다.

① 날씨　　　② 채소　　　③ 나라　　　④ 계절

32.
회사에 갑니다. 지하철을 탑니다.

① 쇼핑　　　② 교통　　　③ 운동　　　④ 여행

33.
저는 시간이 없습니다. 여행을 못 갑니다.

① 쇼핑　　　② 방학　　　③ 계획　　　④ 운동

※ [34~39] ⟨보기⟩와 같이 (   )에 들어갈 말로 가장 알맞은 것을 고르십시오.

―――― ⟨보 기⟩ ――――

단어를 모릅니다. (   )을 찾습니다.

① 지갑　　② 가방　　❸ 사전　　④ 과일

34. (2점)

한국말을 (   ). 한국말이 어렵습니다.

① 찾습니다　　② 만듭니다　　③ 배웁니다　　④ 읽습니다

35. (2점)

책을 좋아합니다. 자주 (   )을 읽습니다.

① 소설　　② 김밥　　③ 영화　　④ 음악

36. (2점)

저는 공무원입니다. 시청에서 일을 (   ).

① 갑니다　　② 봅니다　　③ 합니다　　④ 삽니다

37. (3점)

백화점이 (   ). 손님이 많습니다.

① 비쌉니다　　② 복잡합니다　　③ 지루합니다　　④ 따뜻합니다

38. (3점)

| 내일 시험이 있습니다. 그래서 오늘 (   ) 공부합니다. |

① 열심히　　　② 천천히　　　③ 똑바로　　　④ 나중에

39. (2점)

| 저는 연필이 없습니다. 볼펜(   ) 이름을 씁니다. |

① 을　　　② 에　　　③ 에서　　　④ 으로

※ [40~42] 다음을 읽고 맞지 <u>않는</u> 것을 고르십시오. (각 3점)

40.

① 이것은 빵입니다.
② 불고기가 있습니다.
③ 삼천오백 원입니다.
④ 오후 여섯 시까지 팝니다.

41.

- 무료 주민 음악회 -

· 일시: 4월 30일 18:00
· 장소: 주민센터 대강당
· 인터넷(jumin@go.kr)으로 신청하세요.

① 주민센터에서 합니다.
② 무료로 영화를 봅니다.
③ 저녁 여섯 시에 합니다.
④ 인터넷으로 신청합니다.

42.

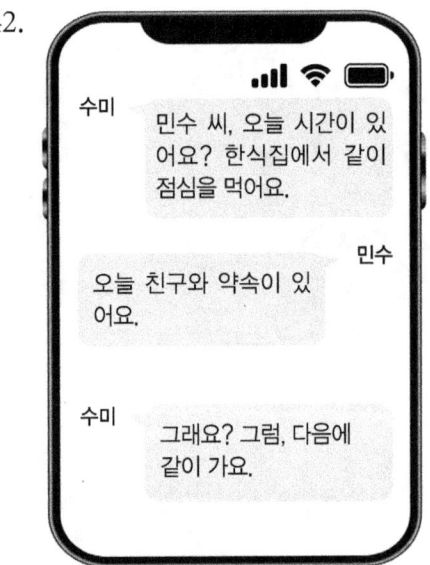

① 수미 씨는 오늘 한식집에 갑니다.
② 민수 씨는 오늘 시간이 없습니다.
③ 민수 씨는 친구와 약속이 있습니다.
④ 수미 씨는 민수 씨와 점심을 먹고 싶습니다.

※ [43~45] 다음을 읽고 내용이 같은 것을 고르십시오.

43. (3점)

> 저는 컴퓨터 게임을 좋아합니다. 그래서 자주 친구들과 게임을 합니다. 이번 주말에 친구 집에서 재미있는 게임을 할 겁니다.

① 저는 게임을 자주 합니다.
② 저는 새 컴퓨터를 살 겁니다.
③ 친구는 좋은 컴퓨터가 있습니다.
④ 친구는 주말에 우리 집에 올 겁니다.

44. (2점)

> 오늘 학교에서 한국어 시험을 봤습니다. 저는 어제 열심히 공부했습니다. 오늘은 친구들과 놀러 갈 겁니다.

① 저는 어제 시험을 봤습니다.
② 저는 오늘 학교에 갔습니다.
③ 저는 오늘 열심히 공부할 겁니다.
④ 저는 친구들과 시험공부를 할 겁니다.

45. (3점)

> 오늘은 주말이어서 늦잠을 잤습니다. 비가 많이 와서 밖에 나가지 않고 집에서 쉬었습니다. 점심에 맛있는 떡볶이를 만들어서 먹었습니다.

① 오늘은 주말이었습니다.
② 오늘은 날씨가 좋았습니다.
③ 저는 점심에 식당에 갔습니다.
④ 저는 오늘 일찍 일어났습니다.

※ [46~48] 다음을 읽고 중심 내용을 고르십시오.

46. (3점)

> 저는 요리하는 것을 좋아합니다. 가족들은 제가 만든 음식을 아주 좋아합니다. 저는 한국 요리를 배워서 가족들에게 한국 음식을 만들어 주고 싶습니다.

① 저는 요리를 잘하고 싶습니다.
② 저는 가족들을 만나고 싶습니다.
③ 저는 한국 요리를 배우고 싶습니다.
④ 저는 가족들과 식사를 하고 싶습니다.

47. (3점)

> 다음 주에 한국어 시험이 있습니다. 그래서 매일 열심히 공부합니다. 시험을 잘 봐서 한국 대학교에 들어가고 싶습니다.

① 저는 한국 대학교에 들어갔습니다.
② 저는 한국어 시험을 잘 보고 싶습니다.
③ 저는 시험을 보러 대학교에 가고 싶습니다.
④ 저는 다음 주에 열심히 공부하려고 합니다.

48. (2점)

> 저는 병원에서 아르바이트를 합니다. 한국어를 못하는 외국인 환자들을 도와줍니다. 아픈 사람도 도와주고 한국어도 공부할 수 있어서 저는 이 아르바이트가 좋습니다.

① 저는 한국어를 배우고 싶습니다.
② 저는 병원 아르바이트를 좋아합니다.
③ 저는 아르바이트를 했으면 좋겠습니다.
④ 저는 외국인 환자를 도와주려고 합니다.

※ [49~50] 다음을 읽고 물음에 답하십시오. (각 2점)

저는 노래하는 것을 좋아합니다. (㉠) 친구들과 자주 노래방에 갑니다. 저는 그동안 한국어를 열심히 공부해서 이제 한국 노래도 잘 부를 수 있습니다. 저는 음악을 듣는 것도 좋아해서 혼자 있을 때는 음악을 듣습니다. 음악을 들으면 기분이 좋습니다.

49. ㉠에 들어갈 말로 가장 알맞은 것을 고르십시오.
① 그리고
② 그래서
③ 그러나
④ 그렇지만

50. 윗글의 내용과 같은 것을 고르십시오.
① 저는 혼자 음악을 듣습니다.
② 저는 한국어를 배우고 싶습니다.
③ 저는 한국 노래를 부르지 않습니다.
④ 저는 친구들과 한국어를 공부합니다.

※ [51~52] 다음을 읽고 물음에 답하십시오.

> 인주시에서는 올해 처음으로 '인주시 영화제'를 엽니다. 여러 나라의 영화를 보고 다양한 문화를 경험할 수 있습니다. 인주시에는 많은 외국인들이 삽니다. 이번 영화제는 함께 (㉠) 함께 생활하는 외국인들과 가까운 친구가 될 수 있는 시간입니다. 외국인 친구들의 문화를 이해하는 좋은 시간이 될 겁니다.

51. ㉠에 들어갈 말로 가장 알맞은 것을 고르십시오. (3점)
① 일하고
② 일해서
③ 일하지만
④ 일하는데

52. 무엇에 대한 내용인지 맞는 것을 고르십시오. (2점)
① 영화제가 열리는 곳
② 영화제에 가는 방법
③ 영화제가 열리는 이유
④ 영화제를 준비하는 사람들

※ [53~54] 다음을 읽고 물음에 답하십시오.

> 오늘 저는 친구와 야구를 보러 갔습니다. 우리가 야구장에 (㉠) 벌써 사람들이 많았습니다. 우리는 야구를 보면서 응원 노래도 부르고 춤도 췄습니다. 경기가 끝난 후에 야구장 앞에서 사진도 찍었습니다. 정말 재미있었습니다.

53. ㉠에 들어갈 말로 가장 알맞은 것을 고르십시오. (2점)
① 도착하려면   ② 도착했을 때
③ 도착하기 전에   ④ 도착하게 되면

54. 윗글의 내용과 같은 것을 고르십시오. (3점)
① 저는 친구와 노래방에 갔습니다.
② 저는 노래도 부르고 춤도 췄습니다.
③ 저는 다른 사람들보다 일찍 갔습니다.
④ 저는 춤추는 사람들의 사진을 찍었습니다.

※ [55~56] 다음을 읽고 물음에 답하십시오.

> 지난 달 어린이 도서관이 문을 열었습니다. 이 도서관에는 어린이들에게 필요한 책이 아주 많습니다. 그리고 컴퓨터실과 영화관도 있어서 어린이들이 즐거운 시간을 보냅니다. 특히 (㉠) 가까운 곳에 도서관이 있어서 편리합니다. 어린이들은 부모님이 안 계셔도 쉽게 도서관을 이용할 수 있습니다.

55. ㉠에 들어갈 말로 가장 알맞은 것을 고르십시오. (2점)
① 걸어서 갈 수 있는
② 부모와 갈 수 있는
③ 책을 읽을 수 있는
④ 시간을 보낼 수 있는

56. 윗글의 내용과 같은 것을 고르십시오. (3점)
① 이 도서관은 부모님들이 만들었습니다.
② 이 도서관에서 영화를 볼 수 있습니다.
③ 이 도서관은 어린이 혼자 갈 수 없습니다.
④ 이 도서관에서 필요한 책을 살 수 있습니다.

※ [57~58] 다음을 순서에 맞게 배열한 것을 고르십시오.

57. (3점)

(가) 따뜻한 모자를 샀는데 값이 비싸지 않았습니다.
(나) 주말에 옷을 사러 시내에 있는 백화점에 갔습니다.
(다) 마음에 드는 옷과 모자를 사서 기분이 좋았습니다.
(라) 먼저 까만색 바지를 사고 모자를 파는 가게에도 갔습니다.

① (가) – (다) – (라) – (나)   ② (가) – (라) – (다) – (나)
③ (나) – (라) – (가) – (다)   ④ (나) – (가) – (다) – (라)

58. (2점)

(가) 이 의사들은 돈을 받지 않고 일합니다.
(나) 이 모임에서 일하는 의사들은 세계 여러 나라에서 왔습니다.
(다) 그리고 사람들이 보낸 돈으로 약을 사서 환자들을 치료합니다.
(라) '세계의사모임'은 의사가 부족한 곳에 가서 아픈 사람을 도와줍니다.

① (다) – (라) – (가) – (나)   ② (다) – (가) – (라) – (나)
③ (라) – (나) – (가) – (다)   ④ (라) – (가) – (다) – (나)

※ [59~60] 다음을 읽고 물음에 답하십시오.

> 저는 한국말을 공부한 지 1년 되었습니다. 처음에는 한국 가수들을 좋아해서 한국말을 배우기 시작했습니다. (㉠) 한국 노래를 들으면서 혼자 한국말을 공부했습니다. (㉡) 혼자 공부할 때보다 재미있고 더 많이 배울 수 있어서 좋습니다. (㉢) 그리고 여러 나라 친구들을 사귈 수 있어서 즐겁습니다. (㉣)

59. 다음 문장이 들어갈 곳으로 가장 알맞은 것을 고르십시오. (2점)

> 하지만 지금은 대학교에서 한국말을 배웁니다.

① ㉠ ② ㉡ ③ ㉢ ④ ㉣

60. 윗글의 내용과 같은 것을 고르십시오. (3점)
① 저는 요즘 혼자 공부할 때가 많습니다.
② 저는 한국 친구들을 많이 사귀었습니다.
③ 저는 1년 전부터 한국말을 공부했습니다.
④ 저는 대학교에 가려고 한국말을 배웁니다.

※ [61~62] 다음을 읽고 물음에 답하십시오. (각 2점)

> 저는 어렸을 때부터 책을 읽는 것을 좋아해서 대학교에서 문학을 공부했습니다. 대학교를 졸업한 후에는 회사에 들어가서 일을 했습니다. 하지만 회사일이 너무 힘들고 스트레스도 많았습니다. 그래서 (㉠) 여기저기 자유롭게 여행을 하면서 제가 경험한 이야기를 쓰기 시작했습니다. 지금은 제가 쓴 이야기를 책으로 만들려고 준비하고 있습니다.

61. ㉠에 들어갈 말로 가장 알맞은 것을 고르십시오.
① 회사를 그만두고
② 회사에 들어가서
③ 대학교를 졸업하고
④ 대학교에 다니면서

62. 윗글의 내용과 같은 것을 고르십시오.
① 저는 여기저기 여행을 하고 싶습니다.
② 저는 회사에 들어가서 일하려고 합니다.
③ 저는 대학교에서 문학을 공부할 계획입니다.
④ 저는 경험한 이야기로 책을 만들려고 합니다.

※ [63~64] 다음을 읽고 물음에 답하십시오.

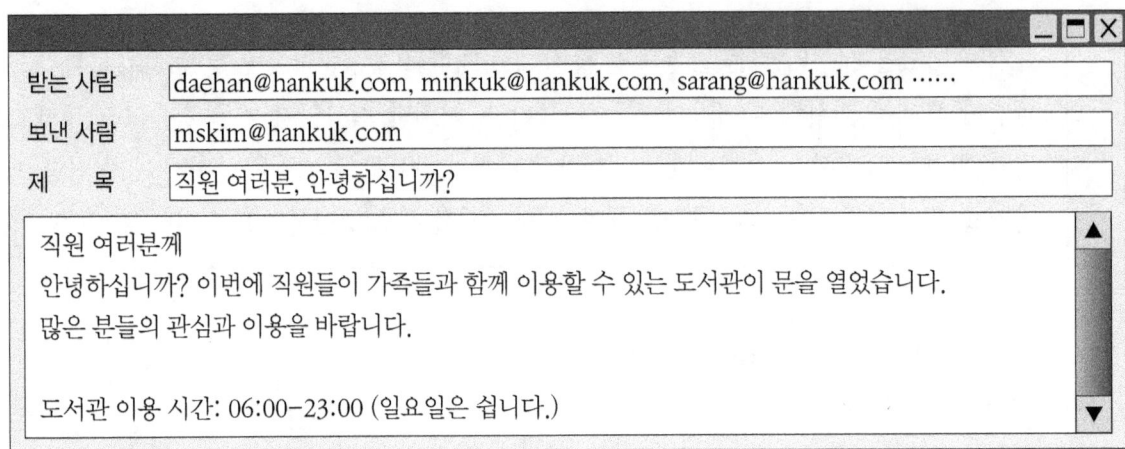

63. 왜 윗글을 썼는지 맞는 것을 고르십시오. (2점)
    ① 도서관에 필요한 책을 모으려고
    ② 도서관이 하는 일을 설명하려고
    ③ 도서관이 생긴 것을 알려 주려고
    ④ 도서관에 들어가는 방법을 안내하려고

64. 윗글의 내용과 같은 것을 고르십시오. (3점)
    ① 이 도서관은 오전에 이용할 수 없습니다.
    ② 이 도서관은 일요일에 이용할 수 없습니다.
    ③ 이 도서관은 직원들만 이용할 수 있습니다.
    ④ 이 도서관은 돈을 내면 이용할 수 있습니다.

※ [65~66] 다음을 읽고 물음에 답하십시오.

> 우리 주위에는 많은 색깔이 있습니다. 색깔은 우리의 기분을 바꿉니다. 어떤 색깔은 마음을 편하게 해 주고 어떤 색깔은 화가 나게 하거나 우울하게 만듭니다. 또 어떤 색깔은 음식을 먹고 싶은 마음이 (㉠   ). 그래서 색깔을 잘 이용하면 기분이 좋아질 수 있고 다이어트도 할 수 있습니다.

65. ㉠에 들어갈 말로 가장 알맞은 것을 고르십시오. (2점)
   ① 생기게 합니다
   ② 생겨야 합니다
   ③ 생기고 있습니다
   ④ 생기려고 합니다

66. 윗글의 내용과 같은 것을 고르십시오. (3점)
   ① 색깔에 따라서 사람들의 기분이 달라집니다.
   ② 우리의 마음을 편하게 하는 색깔은 없습니다.
   ③ 여러 가지 색깔을 보면 음식이 먹고 싶어집니다.
   ④ 사람들은 기분이 좋을 때 주위의 색깔을 바꿉니다.

※ [67~68] 다음을 읽고 물음에 답하십시오. (각 3점)

> 나무가 많은 곳에 가면 시원하고 기분이 좋아집니다. 나무가 햇빛을 막아서 (㉠) 더러운 공기를 깨끗하게 하기 때문입니다. 그래서 더운 여름에도 나무가 많은 곳에 있으면 다른 곳보다 기온이 낮아서 시원합니다. 또 비가 많이 올 때 나무가 많으면 위험한 일이 적게 생깁니다. 그래서 깨끗하고 아름다운 곳에서 살려면 나무를 많이 심어야 합니다.

67. ㉠에 들어갈 말로 가장 알맞은 것을 고르십시오.
① 공기가 뜨거워지게 하고
② 다른 곳보다 더 덥게 하고
③ 기온이 올라가지 않게 하고
④ 여름에 기온이 높아지게 하고

68. 윗글의 내용과 같은 것을 고르십시오.
① 나무는 공기를 깨끗하게 만듭니다.
② 나무가 많으면 비가 올 때 위험합니다.
③ 나무는 햇빛이 잘 들어오게 도와줍니다.
④ 나무가 많으면 여름에 더 덥게 느낍니다.

※ [69~70] 다음을 읽고 물음에 답하십시오. (각 3점)

> 어머니는 항상 제 건강을 걱정하십니다. 그래서 어머니는 자주 저에게 고향 음식을 만들어서 보내 주십니다. 하지만 어머니가 보내신 음식을 먹을 시간이 없습니다. 아침에는 늦게 일어나서 샤워만 하고 학교에 가고 점심은 학생식당에서 친구들과 같이 먹습니다. 저녁에도 아르바이트를 하기 때문에 근처 식당에서 밥을 먹습니다. (㉠) 음식은 며칠 동안 냉장고 안에 있습니다. 시간이 더 지나면 먹을 수 없어서 버릴 때가 많습니다. 어머니에게 죄송해서 다음부터 집에서 밥을 먹기로 하지만 약속을 지키기가 어렵습니다.

69. ㉠에 들어갈 말로 가장 알맞은 것을 고르십시오.
① 제가 먹으려고 만든
② 어머니가 보내 주신
③ 어머니가 좋아하시는
④ 제가 어머니에게 보낸

70. 윗글의 내용으로 알 수 있는 것을 고르십시오.
① 저는 자주 집에서 밥을 먹습니다.
② 어머니는 저에게 음식을 보내십니다.
③ 어머니는 음식을 만들 시간이 없습니다.
④ 저는 친구들과 같이 아르바이트를 합니다.

MEMO

MEMO

MEMO

MEMO

MEMO

한국어능력시험
TOPIK I 실전 모의고사
Practice Test

정답 및 풀이
Answer & Explanation

다락원

제1회 실전 모의고사 정답 및 풀이 1st Practice test answer & explanation

듣기 정답 및 풀이

1	④	2	②	3	②	4	①	5	②
6	③	7	③	8	①	9	④	10	①
11	①	12	②	13	②	14	④	15	②
16	①	17	③	18	②	19	①	20	①
21	②	22	③	23	②	24	①	25	②
26	④	27	①	28	④	29	④	30	②

1. ④

남자: 은행원이에요?

풀이

'은행원이에요?'라는 질문에는 '네. 은행원이에요.' 또는 '아니요. 은행원이 아니에요.'라는 대답이 좋다.

To the question '은행원이에요?', the answers '네. 은행원이에요.' or '아니요. 은행원이 아니에요.' are good.

2. ②

여자: 점심을 먹어요?

풀이

'점심을 먹어요?'라는 질문에는 '네. 점심을 먹어요.' 또는 '아니요. 점심을 먹지 않아요.'라는 대답이 좋다.

To the question '점심을 먹어요?', the answers '네. 점심을 먹어요.' or '아니요. 점심을 먹지 않아요.' are good.

3. ②

남자: 이름이 뭐예요?

풀이

'이름이 뭐예요?'라는 질문에는 이름을 말해야 한다.

When asked '이름이 뭐예요?', you should say your name.

4. ①

여자: 학교에 어떻게 가요?

풀이

'학교에 어떻게 가요?'라는 질문에는 학교에 가는 방법을 말해야 한다. '걸어서 가요.' 또는 '버스로 가요.' 등의 대답이 좋다.

When asked '학교에 어떻게 가요?', you should say how you get to school. Answers such as '걸어서 가요.' or '버스로 가요.' are good.

5. ②

남자: 생일 축하해요.

풀이

'생일 축하해요.'와 같은 축하의 인사에는 '고마워요.' 또는 '감사합니다.' 등 감사의 대답이 좋다.

Congratulations such as '생일 축하해요.' are good to respond to with thanks such as '고마워요.' or '감사합니다.'.

6. ③

여자: 많이 드십시오.

풀이

'많이 드십시오.'는 식사하기 전에 하는 인사말이다. '잘 먹겠습니다.'라는 대답이 좋다.

'많이 드십시오.' is a greeting before a meal. The answer such as '잘 먹겠습니다.' is good.

7. ③

남자: 손님, 어디로 갈까요?
여자: 서울시청 앞으로 가 주세요.

풀이

택시 안에서 운전기사와 손님이 이야기하고 있다.

A taxi driver and a passenger are talking in a taxi.

8. ①

여자: 이 치마가 너무 짧아요. 좀 긴 치마가 있어요?
남자: 네. 여기 있습니다.

풀이

옷 가게에서 치마를 사러 온 손님과 직원이 이야기하고 있다.

A customer who came to buy a skirt at a clothing store and an employee are talking.

9. ④

남자: 이 책을 빌리고 싶어요.
여자: 네. 학생증을 보여 주세요.

풀이

도서관에서 책을 빌리러 온 학생과 직원이 이야기하고 있다.

A student who came to borrow a book at the library and an employee are talking.

10. ①

여자: 어디가 아프세요?
남자: 머리가 아프고 열이 나요.

풀이

두 사람이 병원에서 이야기하고 있다.

Two people are talking at the hospital.

11. ①

남자: 저는 은행원이에요.
여자: 저는 선생님이에요.

풀이

두 사람은 직업에 대해서 이야기하고 있다. '은행원'과 '선생님'은 직업과 관계있는 표현이다.

Two people are talking about their jobs. '은행원' and '선생님' are expressions related to occupation.

12. ②

여자: 오늘은 덥네요.
남자: 네. 비도 와서 더 더운 것 같아요.

풀이

두 사람은 날씨에 대해서 이야기하고 있다. '덥다', '비가 오다'는 날씨와 관계있는 표현이다.

Two people are talking about the weather. '덥다' and '비가 오다' are expressions related to weather.

13. ②

남자: 비빔밥이 좀 매워요.
여자: 불고기는 맵지 않은데요.

풀이

두 사람은 비빔밥과 불고기 맛에 대해 이야기하고 있다. '맵다'는 맛과 관계있는 표현이다.

Two people are talking about the taste of bibimbap and bulgogi. '맵다' is an expression related to taste.

14. ④

여자: 오늘이 며칠이에요?
남자: 3월 5일이에요.

풀이

두 사람은 날짜에 대해 이야기하고 있다. '며칠', '__월 __일'은 날짜와 관계있는 표현이다.

Two people are talking about the date. '며칠', '__월 __일' are expressions related to the date.

15. ②

남자: 이 사과는 얼마예요?
여자: 한 개에 2,000원입니다.

풀이

과일 가게에서 손님이 사과값을 물어보는 대화이다.

This is a conversation in a fruit store where a customer asks the price of an apple.

16. ①

여자: 여기에 공항버스가 있어요?
남자: 저쪽에 공항버스 정류장이 있어요.

풀이

남자가 여자에게 공항버스 정류장을 알려 주는 대화이다.

This is a conversation where a man tells a woman where the airport bus stop is.

17. ③

여자: 민수 씨, 휴가 때 뭘 할 거예요?
남자: 책도 좀 읽고 친구도 만나려고 해요. 수미 씨는요?
여자: 저는 친구들과 여행을 갈 거예요.

풀이

① 남자는 친구가 있습니다.
② 여자는 휴가 때 친구들과 여행을 갈 겁니다.
③ 여자는 휴가 때 여행을 갈 겁니다.
④ 남자는 휴가 때 책을 읽고 친구를 만나려고 합니다.

① The man has friends.
② The woman will go on a trip with friends during vacation.
③ The woman will go on a trip during vacation.
④ The man is going to read a book and meet friends during vacation.

18. ②

남자: 음식이 정말 맛있어요. 요리를 잘하시네요.
여자: 그래요? 작년부터 요리 학원에 다니고 있어요.
남자: 저는 늦게 퇴근하니까 보통 회사 식당에서 먹어요.
여자: 주말에 가끔 요리를 해 보세요. 생각보다 쉬워요.

풀이

① 여자는 요리를 잘합니다.
② 여자는 요리를 배우고 있습니다.
③ 남자는 보통 회사 식당에서 식사합니다.
④ 여자는 작년부터 요리 학원에 다니고 있습니다.

① The woman is a good cook.
② The woman is learning to cook.
③ The man usually eats at the company cafeteria.
④ The woman has been going to cooking school since last year.

19. ①

남자: 10시가 넘었는데 지금 음료수를 사러 가요?
여자: 네. 집 근처에 있는 편의점은 24시간 해요.
남자: 그래요? 그럼, 저도 같이 가요. 과자를 사고 싶어요.
여자: 네. 좋아요. 같이 가요.

풀이

① 여자는 음료수를 살 겁니다.
② 남자는 여자와 같이 편의점에 갈 겁니다.
③ 남자는 과자를 사고 싶어 합니다.
④ 남자는 편의점에 가려고 합니다.

① The woman will buy a drink.
② The man will go to the convenience store with the woman.
③ The man wants to buy snacks.
④ The man is going to go to the convenience store.

20. ①

여자: 한국에서 대학교에 다니려고요?
남자: 네. 대학교에 입학하려면 무엇을 먼저 준비해야 해요?
여자: 토픽 시험 점수가 있어야 해요.
남자: 그럼, 먼저 토픽 시험을 신청해야겠네요.

풀이

① 남자는 토픽 시험을 볼 겁니다.
② 남자는 대학교에 입학하고 싶어 합니다.
③ 남자는 토픽 시험을 준비할 겁니다.
④ 남자는 대학교에 가고 싶어 합니다.

① The man will take the TOPIK test.
② The man wants to go to college.
③ The man will prepare for the TOPIK test.
④ The man wants to go to college.

21. ②

남자: 어서 오세요. 손님, 모두 몇 분이세요?
여자: 4명이에요. 창가 자리가 있어요?
남자: 죄송합니다. 창가 자리는 미리 예약을 해야 합니다.
여자: 그래요? 그럼, 다른 자리도 괜찮아요.

풀이

① 남자는 식당에서 일합니다.
② 여자는 예약을 하지 않았습니다.
③ 여자는 창가 자리에 앉고 싶어 합니다.
④ 여자는 이 식당에서 식사를 할 겁니다.

① The man works at a restaurant.
② The woman did not make a reservation.
③ The woman wants to sit by the window.
④ The woman will eat at this restaurant.

22. ③

여자: 민수 씨는 주말에 뭘 해요?
남자: 평일에는 회사 일이 많으니까 주말에는 쉬거나 집안일을 해요.
여자: 주말에는 취미 생활이나 좀 신나는 일을 해 보세요.
남자: 네. 그래야겠어요.

풀이

여자는 주말에 쉬거나 집안일을 하는 것보다 취미 생활이나 신나는 활동을 하는 것이 좋다고 생각한다.

The woman thinks it is better to have hobbies or exciting activities on weekends than to rest or do housework.

23. ②

여자: 어디 아프세요? 얼굴이 안 좋아요.
남자: 밤에 잠을 잘 수 없어요. 그러니까 너무 피곤해요.
여자: 저녁 식사 후에 가볍게 산책하는 것이 도움이 될 거예요.
남자: 네, 그럴게요. 계속 힘들면 병원에 가 봐야겠어요.

풀이

여자는 저녁 식사 후에 가볍게 산책을 하는 것이 좋다고 생각한다.

The woman thinks it is good to take a light walk after dinner.

24. ①

남자: 방학 때 제주도로 여행을 가려고 해요.
여자: 그래요? 좋겠어요. 비행기표는 예매했어요?
남자: 아니요. 아직 예약하지 않았어요.
여자: 비행기표가 많이 없을 거예요. 빨리 예매하세요.

풀이

여자는 제주도 비행기표를 빨리 사야 한다고 생각한다.

The woman thinks that he should buy Jeju Island flight tickets quickly.

[25~26]

여자: (딩동댕) 잠시 안내 말씀드립니다. 다음 달 12일 토요일에 우리 회사에서 마라톤 대회를 합니다. 우리 회사 직원은 모두 신청할 수 있습니다. 내일부터 신청할 수 있고 참가비는 2만 원입니다. 참가하는 모든 사람들에게 티셔츠와 모자를 선물로 드립니다. 자세한 내용은 홈페이지를 확인해 주십시오. 감사합니다. (딩동댕)

25. ②

풀이

여자는 회사에서 하는 마라톤 대회를 알리고 있다.

The woman is announcing a marathon hosted by the company.

26. ④

풀이

① 마라톤 대회에 참가하면 티셔츠를 줍니다.
② 다음 달 12일에 회사에서 마라톤 대회를 합니다.
③ 마라톤 대회를 나가려면 참가비 2만 원을 내야 합니다.
④ 마라톤 대회에 참가하면 티셔츠와 모자를 받습니다.

① You get a T-shirt if you participate in the marathon.
② The company will hold a marathon on the 12th of next month.
③ To participate in the marathon, you must pay a participation fee of 20,000 won.
④ If you participate in the marathon, you will receive a T-shirt and a hat.

[27~28]

여자: 이번 드라마에 제가 좋아하는 가수 김민수가 나와요.
남자: 저는 가수가 왜 드라마에 나오는지 모르겠어요.
여자: 지난번에도 드라마에 나왔는데 인기가 많았어요.
남자: 그 드라마를 봤어요?
여자: 네. 김민수 씨가 연기를 정말 잘했어요.
남자: 그래요? 전 드라마를 좋아하지 않아서 잘 안 봐요.

27. ①

풀이

두 사람은 드라마에 나오는 가수 김민수에 대해서 이야기하고 있다.

The two are talking about the singer Kim Min-su, who appears in the drama.

28. ④

> 풀이

① 남자는 드라마를 잘 보지 않습니다.
② 여자가 연기를 하고 싶어 한다는 내용은 없다.
③ 여자는 드라마를 본 적이 있습니다.
④ 남자는 가수들이 연기하는 것을 좋아하지 않습니다.

① The man doesn't watch dramas very often.
② There is no mention of the woman wanting to act.
③ The woman has seen the drama before.
④ The man doesn't like singers acting.

[29~30]

여자: 가수 김민수 씨, 이번에 요리책까지 쓰셨네요.
남자: 네. 제가 요리하는 걸 좋아해요. 1년 전부터 요리 방송도 하고 있고요.
여자: 김민수 씨의 요리 방송이 정말 인기가 많아요. 이유가 뭘까요?
남자: 아마 제가 하는 요리가 쉽고 간단하기 때문인 것 같아요. 재료도 특별한 것을 쓰지 않고 보통 집에 있는 재료들을 사용하거든요.
여자: 요리 방송을 하고 있는데 요리책까지 쓰신 이유가 있으세요?
남자: 요리하는 것이 생각보다 힘들지 않다는 것을 알려 주고 싶어서 책을 쓰기 시작했어요. 책을 보고 따라 하면 누구나 쉽게 요리할 수 있어요. 요리하면 음식을 만드는 사람도 행복하고 먹는 사람도 행복해져요. 여러분들도 한번 해 보세요.

29. ④

> 풀이

남자는 요리하는 것이 힘들지 않다는 것을 알려 주고 싶어서 책을 썼다.

The man wrote a book because he wanted to show that cooking is not difficult.

30. ②

> 풀이

① 남자는 가수입니다.
② 남자가 하는 요리 방송은 인기가 많습니다.
③ 남자는 1년 전에 요리 방송을 시작했습니다.
④ 남자는 지금도 요리 방송을 하고 있습니다.

① The man is a singer.
② The cooking show the man does is very popular.
③ The man started a cooking show a year ago.
④ The man is still doing cooking shows.

읽기 정답 및 풀이

31	③	32	④	33	①	34	②	35	④
36	④	37	②	38	①	39	③	40	③
41	①	42	②	43	①	44	②	45	①
46	②	47	①	48	②	49	④	50	③
51	①	52	②	53	①	54	④	55	②
56	①	57	③	58	①	59	②	60	③
61	②	62	④	63	①	64	④	65	③
66	①	67	③	68	③	69	③	70	③

31. ③

풀이

계절에 대한 설명이다.

This is an explanation of the seasons.

32. ④

풀이

요리에 대한 설명이다.

This is an explanation of cooking.

33. ①

풀이

휴일에 대한 설명이다.

This is an explanation of a holiday.

34. ②

풀이

'지하철'은 '탑니다'와 같이 사용한다.

'지하철' is used with '탑니다'.

35. ④

풀이

'아프다'와 관계있는 것은 '병원'이다.

What is related to '아프다' is '병원'.

36. ④

풀이

'경찰'과 관계있는 것은 '도와줍니다'이다.

What is related to '경찰' is '도와줍니다'.

37. ②

풀이

'손님이 많습니다'와 관계있는 것은 '친절합니다'이다.

What is related to '손님이 많습니다' is '친절합니다'.

38. ①

풀이

'시간이 없습니다'와 관계있는 것은 '빨리 준비합니다'이다.

What is related to '시간이 없습니다' is '빨리 준비합니다'.

39. ③

풀이

'드라마를 좋아합니다'와 관계있는 것은 '영화도 좋아합니다'이다.

What is related to '드라마를 좋아합니다' is '영화도 좋아합니다'.

40. ③

풀이

이 라면은 '유월 오일'까지 판다.

This ramen is sold until 'June 5th'.

41. ①

풀이

시월에 공사를 한다.

Construction will take place in October.

42. ②

풀이

민수 씨는 내일 도서관에 간다.

Minsu is going to the library tomorrow.

43. ①

풀이

나는 내일 친구들과 같이 북한산에서 사진을 찍을 것이다.

I will take pictures with my friends in Bukhansan tomorrow.

44. ②

풀이

나는 어제 친구와 영화를 봤다.

I watched a movie with a friend yesterday.

45. ①

풀이

나는 어제 너무 바빠서 친구의 문자메시지를 보지 못했다.

I was so busy yesterday that I couldn't see my friend's text message.

46. ②

풀이

따뜻한 봄이 오면 여기저기 여행을 할 것이라는 내용이다.

The content is that when warm spring comes, I will travel here and there.

47. ①

풀이

멋있는 춤을 배우고 싶다는 내용이다.

The content is that I want to learn a cool dance.

48. ②

풀이

이번 방학에 한국어 공부를 시작하려고 한다는 내용이다.

The content is that I am going to start studying Korean this vacation.

49. ④

풀이

앞의 문장과 반대되는 의미를 연결하는 '그렇지만'을 사용한다.

'그렇지만' is used to connect the opposite meaning to the previous sentence.

50. ③

풀이

나는 대학 병원에서 환자들을 도와주는 간호사이다.

I am a nurse at a university hospital who helps patients.

51. ①

풀이

앞의 동작을 한 후에 뒤의 동작이 있음을 나타내는 '-아서'를 사용한 '들어가서'가 와야 한다.

You should use '들어가서', using '-아서' which indicates that the next action occurs after the previous action.

52. ②

풀이

음악회를 보고 싶으면 인주시 홈페이지에 들어가서 신청을 해야 한다는 내용이다.

The content is that if you want to see a concert, you have to go to the Inju City website and apply.

53. ①

풀이

앞의 동작이 끝나고 뒤의 동작이 이어지는 의미를 나타내는 '-은 후에'를 사용한 '자른 후에'가 와야 한다.

You should use '자른 후에' using '-은 후에', which indicates that the previous action ends and the next action continues.

54. ④

풀이

나는 좋아하는 배우처럼 머리를 자르고 싶어서 미용실에 갔다는 내용이다.

The content is that I went to the beauty salon because I wanted to cut my hair like my favorite actor.

55. ②

풀이

사람들은 공원에서 읽고 싶은 책을 빌려서 시원한 곳에서 읽는다는 내용이다.

The content is that people borrow books they want to read in the park and read them in a cool place.

56. ①

풀이

사람들이 책을 빌리러 도서관에 가는 것이 아니라 도서관이 사람들을 찾아간다는 내용이다.

The content is that people do not go to the library to borrow books, but the library goes to people.

57. ③

풀이

친구와 약속을 했지만 나갈 수 없어서 전화로 취소를 했는데 친구의 목소리가 좋지 않았다는 내용이다.

The content is that I had an appointment with a friend, but I couldn't go out, so I canceled it by phone, and my friend's voice did not sound good.

58. ①

풀이

매운 음식을 먹으면 기분이 좋아지기 때문에 스트레스가 쌓일 때 매운 음식을 먹지만 많이 먹으면 배가 아파지거나 병이 생길 수 있다는 내용이다.

The content is that when you eat spicy food, you feel better, so people eat spicy food when they are stressed, but if you eat a lot of it, you may get a stomachache or get sick.

59. ②

풀이

동영상에서 본 나라들을 여행하고 싶어서 요즘 아르바이트를 해서 돈을 모으고 있다는 내용이다. '그래서'는 앞의 내용이 뒤의 내용에 대한 이유일 때 사용한다.

The content is that I am working part-time these days to save money because I want to travel to the countries I saw in the video. '그래서' is used when the preceding content is the reason for the following content.

60. ③

> 풀이

나는 돈을 모아서 동영상에서 본 나라들을 여행하고 싶다는 내용이다.

The content is that I want to save money and travel to the countries I saw in the video.

61. ②

> 풀이

오랫동안 연락을 하지 않은 친구가 갑자기 전화를 해서 깜짝 놀랐다는 내용이다.

The content is that I was surprised because a friend I hadn't contacted in a long time suddenly called me.

62. ④

> 풀이

같은 고등학교에 다녔던 친구가 전화를 했다는 내용이다.

The content is that a friend who went to the same high school called.

63. ①

> 풀이

엘리베이터가 고장이 나서 고치는 중이라는 것을 주민들에게 알리는 내용이다.

The content is a notice to inform residents that the elevator is broken and is being repaired.

64. ④

> 풀이

오후 5시까지 엘리베이터를 이용할 수 없다는 내용이다.

The content is that the elevator cannot be used until 5 PM.

65. ③

> 풀이

종이를 많이 사용하면 나무가 없어지는 이유는 나무로 종이를 만들기 때문이라는 내용이다.

The content is that if you use a lot of paper, trees will disappear because paper is made from trees.

66. ①

> 풀이

종이로 생활에 필요한 여러 가지를 만들 수 있어서 우리는 편리한 생활을 할 수 있다는 내용이다.

The content is that we can live a convenient life because we can make various things necessary for life with paper.

67. ③

> 풀이

햇빛을 받지 못하면 햇빛 에너지가 부족하기 때문에 기분이 나빠지고 피곤해진다는 내용이다.

The content is that if you don't get sunlight, you will feel bad and tired because you lack solar energy.

68. ③

> 풀이

햇빛을 받아서 만든 에너지가 사람들의 몸과 마음을 건강하게 한다는 내용이다.

The content is that the energy made by receiving sunlight makes people's bodies and minds healthy.

69. ③

> 풀이

작은 방에 가구를 놓을 수 없어서 상자와 큰 가방에 물건을 넣고 살았다는 내용이다.

The content is that I couldn't put furniture in the small room, so I lived with things in boxes and big bags.

70. ③

풀이

이사한 집에서 친구 집이 가까워서 학교에 갈 때 같이 간다는 내용이다.

The content is that I moved to a new house and it is close to my friend's house, so I go to school with my friend.

제2회 실전 모의고사 정답 및 풀이 2nd Practice test answer & explanation

듣기 정답 및 풀이

1	①	2	②	3	①	4	①	5	②
6	①	7	③	8	②	9	①	10	④
11	②	12	①	13	③	14	④	15	④
16	③	17	③	18	③	19	①	20	③
21	②	22	④	23	②	24	①	25	④
26	②	27	④	28	③	29	①	30	③

1. ①

> 남자: 가방이에요?

풀이

'가방이에요?'라는 질문에는 '네. 가방이에요.' 또는 '아니요. 가방이 아니에요.'라는 대답이 좋다.

To the question '가방이에요?', the answers '네. 가방이에요.' or '아니요. 가방이 아니에요.' are good.

2. ②

> 여자: 냉장고가 있어요?

풀이

'냉장고가 있어요?'라는 질문에는 '네. 냉장고가 있어요.' 또는 '아니요. 냉장고가 없어요.'라는 대답이 좋다.

To the question '냉장고가 있어요?', the answers '네. 냉장고가 있어요.' or '아니요. 냉장고가 없어요.' are good.

3. ①

> 남자: 누가 민수 씨예요?

풀이

'누가 민수 씨예요?'라는 질문에는 민수 씨가 누구인지를 말해야 한다.

When asked '누가 민수 씨예요?', you should say who Minsu is.

4. ①

> 여자: 무슨 운동을 좋아해요?

풀이

'무슨 운동을 좋아해요?'라는 질문에는 좋아하는 운동을 말해야 한다.

When asked '무슨 운동을 좋아해요?', you should say what kind of exercise you like.

5. ②

> 남자: 어서 오세요.

풀이

'어서 오세요.'는 두 사람이 만났을 때 하는 인사말이다. '오랜만이에요.'라는 대답이 좋다.

'어서 오세요.' is a greeting when two people meet. The answer '오랜만이에요.' is good.

6. ①

여자: 여기에서 기다리십시오.

풀이

'여기에서 기다리십시오.'는 기다리라는 안내의 말이므로 '네. 알겠습니다.'라는 대답이 좋다.

'여기에서 기다리십시오.' is a guide to wait, so the answer '네. 알겠습니다.' is good.

7. ③

남자: 여기에 171번 버스가 와요?
여자: 네. 아, 저기 오네요.

풀이

두 사람이 171번 버스를 타려고 버스 정류장에서 이야기하고 있다.

Two people are talking at a bus stop to take bus number 171.

8. ②

여자: 뭘 사러 왔어요?
남자: 공책하고 필통을 사러 왔어요.

풀이

두 사람이 문구점에서 이야기하고 있다.

Two people are talking at a stationery store.

9. ①

남자: 통장을 만들고 싶은데요.
여자: 잠시만 기다려 주세요.

풀이

은행에서 여자 직원이 통장을 만들려고 하는 남자와 이야기하고 있다.

At the bank, a female employee is talking to a man who wants to open an account.

10. ④

여자: 이 약은 언제 먹는 건가요?
남자: 아침과 저녁에 식사하고 드세요.

풀이

두 사람이 약국에서 약 복용법에 대해서 이야기하고 있다.

Two people are talking about how to take medicine at a pharmacy.

11. ②

남자: 안녕하세요? 저는 김민철입니다.
여자: 안녕하세요? 저는 유키입니다.

풀이

두 사람은 자신의 이름을 말하고 있다.

The two are saying their names.

12. ①

여자: 이 치마는 얼마예요?
남자: 5만 원이에요. 드릴까요?

풀이

두 사람이 옷 가게에서 옷값에 대해서 이야기하고 있다. '얼마예요?', '__원'은 값과 관계있는 표현이다.

Two people are talking about the price of clothes at a clothing store. '얼마예요?', '__원' are expressions related to price.

13. ③

남자: 눈이 오네요.
여자: 바람도 불어서 정말 추워요.

풀이

두 사람은 날씨에 대해서 이야기하고 있다. '눈이 오다', '바람이 불다', '춥다'는 날씨와 관계있는 표현이다.

The two are talking about the weather. '눈이 오다', '바람이 불다', and '춥다' are expressions related to weather.

14. ④

여자: 지금 몇 시예요?
남자: 오후 2시예요.

풀이

두 사람은 시간에 대해서 이야기하고 있다. '몇 시', '__시'는 시간과 관계있는 표현이다.

The two are talking about time. '몇 시', '__시' are expressions related to time.

15. ④

남자: 뭘 드릴까요?
여자: 불고기 2인분 주세요.

풀이

남자 직원에게 여자 손님이 불고기 2인분을 주문하는 대화이다.

This is a conversation where a female customer orders two servings of bulgogi from a male employee.

16. ③

여자: 이 근처에 편의점이 있어요?
남자: 저기 병원 옆에 있어요.

풀이

편의점의 위치를 묻는 여자에게 남자가 편의점의 위치를 알려 주는 대화이다.

This is a conversation where a man tells a woman the location of a convenience store when she asks where it is.

17. ③

여자: 민수 씨, 오늘 모임에 갈 거예요?
남자: 가고 싶지만 회사 일이 많아서 못 갈 것 같아요. 수미 씨는요?
여자: 저는 퇴근하고 바로 가려고요.

풀이

① 여자는 회사원입니다.
② 남자는 오늘 모임이 있습니다.
③ 남자는 오늘 회사 일이 많습니다.
④ 여자는 오늘 모임에 갈 겁니다.

① The woman is an office worker.
② The man has a meeting today.
③ The man has a lot of work at the company today.
④ The woman will go to the meeting today.

18. ③

남자: 예약하셨어요?
여자: 아니요. 예약하지 않았는데요.
남자: 죄송합니다. 지금 자리가 없습니다. 기다리시겠어요?
여자: 아니요. 다른 식당에 갈게요. 감사합니다.

풀이

① 남자는 이 식당에서 일합니다.
② 여자는 다른 식당에서 식사할 겁니다.
③ 여자는 식당을 예약하지 않았습니다.
④ 남자는 여자에게 자리를 안내하지 않습니다.

① The man works at this restaurant.
② The woman will eat at another restaurant.
③ The woman did not make a reservation for the restaurant.
④ The man does not show the woman to her seat.

19. ①

남자: 수미 씨, 오늘 생일이지요? 같이 저녁 먹을래요?
여자: 죄송해요. 오늘은 가족들과 저녁 약속이 있어요.
남자: 그래요? 내일 저녁은 어때요? 제가 살게요.
여자: 감사합니다. 그럼, 내일 저녁에 만나요.

풀이

① 여자는 오늘이 생일입니다.
② 남자는 여자의 생일을 압니다.
③ 여자는 오늘 가족들과 식사를 할 겁니다.
④ 남자는 내일 여자와 같이 저녁을 먹을 겁니다.

① Today is the woman's birthday.
② The man knows the woman's birthday.
③ The woman will have dinner with her family today.
④ The man will have dinner with the woman tomorrow.

20. ③

여자: 어서 오세요.
남자: 한복을 빌리고 싶은데요.
여자: 마음에 드는 한복을 골라 보세요. 한 벌에 3만 원입니다.
남자: 이 한복이 마음에 들어요. 이 카드로 계산할게요.

풀이

① 여자는 한복값을 압니다.
② 남자는 한복을 빌리려고 합니다.
③ 남자는 빌리고 싶은 한복이 있습니다.
④ 남자는 카드로 계산할 겁니다.

① The woman knows the price of Hanbok.
② The man is going to rent a Hanbok.
③ The man has a Hanbok he wants to rent.
④ The man will pay by card.

21. ②

남자: 방이 크고 정말 좋네요.
여자: 네. 그리고 학교에서 가까워서 좋아요. 민수 씨는 이사를 안 해요?
남자: 저도 학교와 가까운 곳으로 이사하고 싶은데 좀 비싸서요.
여자: 맞아요. 그래서 저도 친구와 같이 살아요.

풀이

① 여자는 친구와 같이 삽니다.
② 남자는 이사하고 싶어 합니다.
③ 여자의 방은 크고 좋습니다.
④ 남자는 학교와 가까운 곳으로 이사하고 싶어 합니다.

① The woman lives with a friend.
② The man wants to move.
③ The woman's room is big and nice.
④ The man wants to move to a place close to school.

22. ④

여자: 휴대전화를 산 지 얼마 되지 않았는데 또 바꾸려고요?
남자: 네. 이번에 새로 나온 휴대전화가 정말 마음에 들어서요.
여자: 고장이 난 것도 아닌데 새로 살 필요가 있을까요?
남자: 그런가요? 좀 더 생각해 볼게요.

풀이

여자는 고장이 나지도 않았는데 휴대전화를 자주 바꾸는 것은 좋지 않다고 생각한다.

The woman thinks it is not good to change cell phones frequently even though they are not broken.

23. ②

여자: 소화제를 또 드세요?
남자: 스트레스 때문인지 소화가 잘 안 돼요.
여자: 계속 소화제를 먹는 것은 안 좋아요.
남자: 내일도 좋지 않으면 병원에 가야겠어요.

풀이

여자는 소화제를 계속 먹는 것은 좋지 않다고 생각한다.

The woman thinks it is not good to keep taking digestive medicine.

24. ①

남자: 오늘 퇴근하고 한잔할까요?
여자: 죄송해요. 저는 오늘 저녁 늦게까지 일을 해야 할 것 같아요.
남자: 오늘까지 해야 하는 일이에요?
여자: 네. 내일부터 휴가라서 오늘 끝내야 해요.

풀이

여자는 내일부터 휴가라서 오늘 저녁 늦게까지 일을 해야 한다고 생각한다.

The woman thinks she has to work late tonight because her vacation starts tomorrow.

[25~26]

여자: (딩동댕) 잠시 안내 말씀드립니다. 이번 주말에 우리 회사 유리창과 사무실을 청소합니다. 유리창을 꼭 닫아 주시고 바닥에 짐을 두지 마십시오. 이번 주말에는 사무실에 들어올 수 없습니다. 1년에 한 번 하는 대청소니까 불편해도 모두 협조해 주시기 바랍니다. 감사합니다. (딩동댕)

25. ④

풀이

여자는 회사 유리창과 사무실 청소를 하니까 협조해 달라고 부탁하고 있다.

The woman is asking for cooperation in cleaning the company windows and office.

26. ②

풀이

① 대청소는 일 년에 한 번 합니다.
② 바닥에 있는 짐을 정리해야 합니다.
③ 주말에 회사 유리창 청소를 합니다.
④ 주말에 직원들은 사무실에 들어올 수 없습니다.

① There is a general cleaning once a year.
② Employees need to organize the luggage on the floor.
③ It has to clean the company windows on weekends.
④ Employees cannot enter the office on weekends.

[27~28]

남자: 공항에 왜 이렇게 사람들이 많아요?
여자: 오늘 김수지 씨가 해외 공연을 마치고 한국으로 들어오는 날이에요.
남자: 그래서 사람이 많군요.
여자: 네. 김수지 씨는 사회에 도움이 되는 일도 많이 해서 사람들이 더 좋아하는 것 같아요.
남자: 가수 얼굴을 잠깐 보려고 저렇게 오래 기다리네요. 대단해요.
여자: 저도 몇 년 전에 공항에서 좋아하는 가수를 보려고 5시간이나 기다렸어요.

27. ④

풀이

두 사람은 공항에 사람이 많은 이유에 대해서 이야기하고 있다.

The two are talking about why the airport is crowded.

28. ③

> 풀이

① 가수 김수지 씨가 해외 공연을 하고 왔습니다.
② 여자는 공항에서 좋아하는 가수를 5시간 동안 기다린 적이 있습니다.
③ 여자는 공항에서 가수를 기다린 적이 있습니다.
④ 남자는 김수지 씨가 오늘 한국으로 오는 것을 몰랐습니다.

① Singer Kim suji returned from an overseas performance.
② The woman has waited 5 hours for her favorite singer at the airport.
③ The woman has waited for a singer at the airport.
④ The man did not know that Kim suji was coming to Korea today.

[29~30]

여자: 김민수 씨, 노인분들을 도와드리는 봉사를 하시지요?
남자: 네. 제가 봉사활동을 시작한 지 3년이 되었어요.
여자: 어떻게 봉사활동을 시작하게 되었어요?
남자: 3년 전에 회사에서 봉사활동을 나갔어요. 별로 하고 싶지 않았지만 회사에서 하라고 하니까 할 수 없이 했어요. 혼자 살고 계신 노인분들의 집안일을 도와주는 봉사였어요. 그때 한 할아버지가 목욕하고 싶다고 하셔서 도와드렸는데 할아버지가 고맙다고 우시는 거예요.
여자: 혼자 사시면 힘든 것이 많을 것 같아요.
남자: 맞아요. 저의 작은 도움이 다른 사람에게 큰 행복을 줄 수 있다는 것을 그때 처음 알았어요. 지금도 회사 동료들과 함께 한 달에 한 번 봉사활동을 해요. 저의 작은 일이 우리 사회를 아름답게 만드는 것 같아서 기분이 좋아요.

29. ①

> 풀이

남자는 3년 전에 회사에서 봉사활동을 하라고 해서 시작했다.

The man started volunteering three years ago because the company told him to.

30. ③

> 풀이

① 남자는 3년 전에 봉사활동을 시작했습니다.
② 남자는 한 달에 한 번 봉사활동을 하고 있습니다.
③ 남자는 혼자 사시는 노인분들을 돕습니다.
④ 남자는 혼자 사시는 할아버지의 목욕을 도와줍니다.

① The man started volunteering three years ago.
② The man is volunteering once a month.
③ The man helps elderly people who live alone.
④ The man helps the grandfather who lives alone to bathe.

읽기 정답 및 풀이

31	①	32	④	33	②	34	③	35	③
36	④	37	④	38	③	39	①	40	①
41	②	42	④	43	③	44	④	45	④
46	③	47	②	48	③	49	③	50	③
51	③	52	②	53	②	54	②	55	②
56	③	57	④	58	③	59	①	60	④
61	①	62	②	63	④	64	②	65	④
66	②	67	③	68	②	69	③	70	②

31. ①

풀이

날짜에 대한 설명이다.

This is an explanation of the date.

32. ④

풀이

여행에 대한 설명이다.

This is an explanation of the trip.

33. ②

풀이

방학에 대한 설명이다.

This is an explanation of the vacation.

34. ③

풀이

'빵을'은 '먹습니다'와 같이 사용한다.

'빵을' is used with '먹습니다'.

35. ③

풀이

'과일'과 관계있는 것은 '사과'이다.

What is related to '과일' is '사과'.

36. ④

풀이

'학생'과 관계있는 것은 '전공합니다'이다.

What is related to '학생' is '전공합니다'.

37. ④

풀이

'일이 아주 많습니다'와 관계있는 것은 '힘듭니다'이다.

What is related to '일이 아주 많습니다' is '힘듭니다'.

38. ③

풀이

'보통 버스를 탑니다'와 관계있는 것은 '가끔 택시를 탑니다'이다.

What is related to '보통 버스를 탑니다' is '가끔 택시를 탑니다'.

39. ①

풀이

'이야기합니다'와 관계있는 것은 '와/과'이다.

What is related to '이야기합니다' is '와/과'.

40. ①

풀이

이 떡볶이는 '이천 원'이다.

This tteokbokki is 'two thousand won'.

41. ②

풀이

기숙사는 두 명, 세 명이 사용한다.

Two or three people use the dormitory.

42. ④

풀이

민수 씨는 지금 집에 있다.

Minsu is at home now.

43. ③

풀이

나는 오늘도 오후에 학교 근처 노래방에 갈 것이다.

I will go to the karaoke near school this afternoon too.

44. ④

풀이

나는 어제 서점에서 한국 여행 책을 한 권 샀다.

I bought a Korean travel book at the bookstore yesterday.

45. ④

풀이

나는 친구 부모님도 만나고 저녁도 먹고 늦게 집에 돌아왔다.

I also met my friend's parents, had dinner, and came home late.

46. ③

풀이

자전거를 배워서 자전거를 타고 싶다는 내용이다.

The content is that I want to learn how to ride a bicycle and ride a bicycle.

47. ②

풀이

운전을 배워서 차를 살 거라는 내용이다.

The content is that I will learn to drive and buy a car.

48. ③

풀이

방이 너무 복잡해서 주말에 책을 정리하려고 한다는 내용이다.

The content is that the room is too cluttered, so I'm going to organize books on the weekend.

49. ③

풀이

'외롭다'와 '편하다'는 반대의 의미를 나타내기 때문에 '―지만'을 넣어 '외롭지만'을 사용한다.

Since '외롭다' and '편하다' have opposite meanings, you should use '외롭지만' using '-지만'.

50. ③

풀이

나는 등산을 가면 아름다운 경치도 보고 처음 만나는 사람들과 인사도 한다.

When I go hiking, I see beautiful scenery and greet people I meet for the first time.

51. ③

풀이

뒤에 오는 상태나 동작의 조건을 나타내는 '-으면'을 사용한 '읽으면'이 와야 한다.

You should use '읽으면' using '-으면', which indicates the condition of the following state or action.

52. ②

풀이

책은 우리에게 새로운 것을 알려 주고 새로운 세계를 소개하는데 요즘 책 읽는 사람이 줄고 있어서 전시회를 연다는 내용이다.

The content is books tell us new things and introduce us to new worlds, but these days the number of people reading books is decreasing, so we are holding an exhibition.

53. ②

풀이

앞의 동작이 목적의 의미를 나타내는 '-으려면'을 사용한 '먹으려면'이 와야 한다.

You should use '먹으려면' using '-으려면', which indicates the purpose of the preceding action.

54. ②

풀이

나는 오늘 점심에 친구와 함께 냉면이 유명한 식당에 갔다는 내용이다.

The content is that I went to a restaurant famous for naengmyeon with my friend for lunch today.

55. ②

풀이

젊었을 때 배우지 못한 것을 부끄러워하지 않고 열심히 공부하는 노인들이 아름답다는 내용이다.

The content is that the elderly people who are not ashamed of what they did not learn when they were young and study hard are beautiful.

56. ③

풀이

이 학교에서 노인들은 중학교나 고등학교에서 배우는 내용을 공부할 수 있다는 내용이다.

The content is that at this school, the elderly can study what students learn in middle school or high school.

57. ④

풀이

가족들과 여행을 가는 날 아침에 날씨가 나빠서 걱정을 했지만 도착했을 때 날씨가 좋았다는 내용이다.

The content is that I was worried about the bad weather on the morning of the day I went on a trip with my family, but the weather was nice when I arrived.

58. ③

풀이

사람들이 많이 마시는 커피는 처음부터 음료로 마신 것이 아니라 예전에는 죽이나 약으로 먹었고 열매를 끓여서 물로 마시거나 술을 만들어서 먹었다는 내용이다.

The content is that coffee, which many people drink, was not originally drunk as a beverage, but in the past it was eaten as porridge or medicine, and the berries were boiled and drunk as water or made into alcohol.

59. ①

풀이

내가 만든 빵을 먹고 싶을 때 인터넷에서 빵을 만드는 방법을 찾아보고 직접 만들어 본다는 내용이다. '그때는'은 앞의 내용과 뒤의 내용이 같은 시간일 때 사용한다.

The content is that when I want to eat the bread I made, I look up how to make bread on the internet and make it myself. '그때는' is used when the previous content and the next content are at the same time.

60. ④

풀이

나는 가끔 내가 만든 빵을 먹고 싶어서 인터넷을 보고 빵을 만든다는 내용이다.

The content is that sometimes I want to eat the bread I made, so I look at the Internet and make bread.

61. ①

풀이

일을 찾기도 어렵고 대학원에 들어가는 것도 어려워서 쉬운 일이 하나도 없는 것 같다는 내용이다.

The content is that nothing is easy because it is difficult to find a job and to enter graduate school.

62. ②

풀이

올해 대학교를 졸업했지만 무엇을 할지 결정하지 못했다는 내용이다.

The content is that I graduated from university this year, but I haven't decided what to do yet.

63. ④

풀이

졸업한 선배들과 만나는 시간에 참가 신청을 많이 해 달라는 내용이다.

The content is to ask for many applications to participate in the time to meet with the graduates.

64. ②

풀이

이 행사는 7월 19일 금요일에 오후 4시부터 6시까지 2시간 동안 한다는 내용이다.

The content is that this event will be held for 2 hours from 4:00 PM to 6:00 PM on Friday, July 19th.

65. ④

풀이

식사를 하면서 물을 많이 마시면 소화가 안 되기 때문에 식사를 하기 전에 마시는 것이 좋다는 내용이다.

The content is that it is better to drink water before meals because if you drink a lot of water while eating, you will not be able to digest it.

66. ②

풀이

물을 잘 마시는 습관이 우리의 건강에 도움을 준다는 내용이다.

The content is that the habit of drinking water well helps our health.

67. ③

풀이

물이 부족하고 기온이 떨어져서 추워지는 가을에는 나무가 자라지 않는다는 내용이다.

The content is that trees do not grow in autumn when there is a shortage of water and the temperature drops and it becomes cold.

68. ②

> 풀이

나무의 잎은 물이 부족하고 날씨가 추워지면 녹색이 없어지고 빨갛고 노랗게 바뀐다는 내용이다.

The content is that the leaves of trees lose their green color and turn red and yellow when there is a lack of water and the weather gets cold.

69. ③

> 풀이

어머니는 내가 만들어서 드린 음식을 맛있게 드시면서 아주 좋아하셨다는 내용이다.

The content is that my mother enjoyed the food I made while eating it deliciously.

70. ②

> 풀이

모든 집안일을 어머니가 하셨기 때문에 내가 요리를 할 기회가 별로 없었다는 내용이다.

The content is that since my mother did all the housework, I didn't have many opportunities to cook.

제3회 실전 모의고사 정답 및 풀이 3rd Practice test answer & explanation

듣기 정답 및 풀이

1	③	2	④	3	③	4	②	5	③
6	①	7	①	8	①	9	②	10	①
11	③	12	①	13	②	14	④	15	②
16	①	17	③	18	①	19	③	20	①
21	④	22	③	23	④	24	③	25	④
26	②	27	②	28	①	29	②	30	②

1. ③

   남자: 친구예요?

   풀이

   '친구예요?'라는 질문에는 '네. 친구예요.' 또는 '아니요. 친구가 아니에요.'라는 대답이 좋다.

   To the question '친구예요?', the answers '네. 친구예요.' or '아니요. 친구가 아니에요.' are good.

2. ④

   여자: 비빔밥이 매워요?

   풀이

   '비빔밥이 매워요?'라는 질문에는 '네. 비빔밥이 매워요.' 또는 '아니요. 비빔밥이 맵지 않아요.'라는 대답이 좋다.

   To the question '비빔밥이 매워요?', the answers '네. 비빔밥이 매워요.' or '아니요. 비빔밥이 맵지 않아요.' are good.

3. ③

   남자: 어디에서 신발을 샀어요?

   풀이

   '어디에서 신발을 샀어요?'라는 질문에는 신발을 산 장소를 말해야 한다.

   When asked '어디에서 신발을 샀어요?', you should say where you bought your shoes.

4. ②

   여자: 기숙사까지 얼마나 걸려요?

   풀이

   '기숙사까지 얼마나 걸려요?'라는 질문에는 기숙사까지 걸리는 시간을 말해야 한다.

   When asked '기숙사까지 얼마나 걸려요?', you should say how long it takes to get to the dormitory.

5. ③

   남자: 맛있게 드셨어요?

   풀이

   '맛있게 드셨어요?'는 식사한 후에 하는 인사말이다. '네. 잘 먹었어요.'라는 대답이 좋다.

제3회 실전 모의고사 정답 및 풀이 25

'맛있게 드셨어요?' is a greeting after a meal. '네. 잘 먹었어요.' is a good answer.

6. ①

여자: 이쪽으로 오십시오.

풀이

'이쪽으로 오십시오.'라는 안내의 말에는 '알겠습니다.'라는 대답이 좋다.

'이쪽으로 오십시오.' is a guide, so '알겠습니다.' is a good answer.

7. ①

남자: 불고기 2인분과 냉면 두 그릇 주세요.
여자: 네, 알겠습니다.

풀이

식당에서 손님이 주문을 하는 대화이다.

This is a conversation where a customer orders at a restaurant.

8. ①

여자: 지금 영화가 시작해요.
남자: 빨리 들어갑시다.

풀이

두 사람이 극장에서 이야기하고 있다.

Two people are talking at the theater.

9. ②

남자: 선생님, 이번 시험이 어려워요?
여자: 네. 어려워요. 열심히 공부하세요.

풀이

교실에서 선생님과 학생이 시험에 대해서 이야기하고 있다.

A teacher and a student are talking about a test in the classroom.

10. ①

여자: 부산으로 가는 기차를 타려고 하는데요.
남자: 여기에서 타면 됩니다.

풀이

두 사람이 기차역에서 이야기하고 있다.

Two people are talking at the train station.

11. ③

남자: 어느 나라 사람이에요?
여자: 저는 중국 사람이에요.

풀이

두 사람은 국적에 대해서 이야기하고 있다. '어느 나라', '중국 사람'은 국적과 관계있는 표현이다.

The two are talking about nationality. '어느 나라', '중국 사람' are expressions related to nationality.

12. ①

여자: 이 백화점은 무슨 요일에 쉬어요?
남자: 매주 월요일에 쉬어요.

풀이

두 사람은 백화점 휴일에 대해서 이야기하고 있다. '쉬다'는 휴일과 관계있는 표현이다.

The two are talking about department store holidays. '쉬다' is an expression related to holidays.

13. ②

남자: 수영장이 어디에 있어요?
여자: 도서관 뒤에 있어요.

> **풀이**

두 사람은 수영장의 위치에 대해서 이야기하고 있다. '어디', '뒤'는 위치와 관계있는 표현이다.

The two are talking about the location of the swimming pool. '어디', '뒤' are expressions related to location.

14. ④

여자: 민철 씨, 내일 같이 저녁을 먹을까요?
남자: 좋아요. 몇 시에 만날까요?

> **풀이**

두 사람은 만날 약속을 하고 있다. '__을까요?'는 약속할 때 자주 사용하는 표현이다.

The two are making an appointment to meet. '__을까요?' is an expression frequently used when making a promise.

15. ②

남자: 저기 272번 버스가 오네요. 조심해서 가세요.
여자: 네. 저 먼저 갈게요. 안녕히 가세요.

> **풀이**

버스 정류장에서 여자가 272번 버스를 타러 가면서 대화하고 있다.

A woman is talking at a bus stop to take bus number 272.

16. ①

여자: 민수 씨, 지금 어디에 가요?
남자: 다음 주에 시험이 있어요. 도서관에 공부하러 가요.

> **풀이**

두 사람이 길에서 만나서 대화하고 있다.

Two people meet on the street and have a conversation.

17. ③

여자: 민수 씨, 어제 왜 안 왔어요? 표를 예매하지 않았어요?
남자: 예매했어요. 그런데 공연장에 늦게 도착해서 들어갈 수 없었어요.
여자: 그랬군요. 이번 공연이 너무 좋았어요.

> **풀이**

① 남자는 표를 예매했습니다.
② 남자는 늦게 도착했습니다.
③ 여자는 이번 공연이 좋았습니다.
④ 남자는 늦게 도착해서 공연장에 들어갈 수 없었습니다.

① The man has reserved tickets.
② The man arrived late.
③ The woman enjoyed this performance.
④ The man arrived late and could not enter the concert hall.

18. ①

남자: 지난주부터 태권도를 배우는데 정말 재미있어요.
여자: 저도 1년 전에 배운 적이 있어요.
남자: 그래요? 그런데 왜 지금은 안 하세요?
여자: 회사 일이 바빠서요. 주말에 가끔 수영을 해요.

> **풀이**

① 여자는 회사원입니다.
② 남자는 지난주부터 태권도를 배우고 있습니다.
③ 여자는 요즘 주말에 수영을 합니다.
④ 여자는 바빠서 태권도를 배울 시간이 없습니다.

① The woman is an office worker.
② The man has been learning Taekwondo since last week.
③ The woman swims on weekends these days.
④ The woman is too busy to learn Taekwondo.

19. ③

남자: 친구에게 영화표를 2장 받았는데 같이 보러 갈래요?
여자: 좋아요. 저는 영화를 아주 좋아해요. 한국 영화예요?
남자: 네. 요즘 인기가 있는 영화예요. 내일 저녁 5시예요.
여자: 네. 알겠어요. 영화 보고 저녁을 먹어요. 제가 저녁을 살게요.

풀이

① 남자는 친구에게 영화표를 2장 받았습니다.
② 여자는 내일 저녁을 살 겁니다.
③ 남자는 여자와 영화를 볼 겁니다.
④ 여자는 영화를 좋아합니다.

① The man received two movie tickets from his friend.
② The woman will buy dinner tomorrow.
③ The man will watch a movie with the woman.
④ The woman likes movies.

20. ①

여자: 요즘 건강이 나빠져서 걱정이에요.
남자: 가벼운 운동을 해 보세요. 저는 식사한 후 보통 집 근처를 산책해요. 주말에는 자전거도 타고요.
여자: 운동을 해야 하는데 귀찮아서 안 하게 돼요.
남자: 오늘 점심을 먹고 같이 공원에 산책하러 갈까요?

풀이

① 남자는 주말에 자전거를 탑니다.
② 여자는 운동을 귀찮아합니다.
③ 여자는 요즘 건강이 나빠져서 걱정입니다.
④ 남자는 집 근처에서 자주 산책을 합니다.

① The man rides a bicycle on weekends.
② Exercise bothers the woman.
③ The woman is worried because her health has deteriorated recently.
④ The man often takes walks near his house.

21. ④

남자: 수미 씨, 어디 아파요?
여자: 네. 오늘 아침부터 머리가 아프고 열이 나요. 이 근처에 약국이 있어요?
남자: 저기 우체국 옆에 약국이 있어요. 저와 같이 가요.
여자: 고마워요.

풀이

① 여자는 오늘 아침부터 아팠습니다.
② 여자는 약국의 위치를 모릅니다.
③ 남자는 약국에 가려고 합니다.
④ 남자는 여자와 같이 약국에 갈 겁니다.

① The woman has been sick since this morning.
② The woman does not know the location of the pharmacy.
③ The man is going to go to the pharmacy.
④ The man will go to the pharmacy with the woman.

22. ③

여자: 민수 씨, 어디로 여행을 가요?
남자: 제주도요. 오랜만에 혼자 여행을 가니까 좋아요.
여자: 가족이나 친구들과 같이 가면 더 재미있지 않아요?
남자: 저는 혼자 여행하는 것이 편해서 좋아요.

풀이

여자는 가족이나 친구들과 같이 여행을 가는 것이 더 재미있다고 생각한다.

The woman thinks it is more fun to travel with family or friends.

23. ④

여자: 에어컨을 청소하려고 하는데요.
남자: 다음 주 토요일은 어떠세요?
여자: 이번 주는 안 되나요? 에어컨에서 냄새가 나서 사용할 수가 없어요.
남자: 죄송합니다. 이번 주는 모두 예약이 되어 있습니다.

풀이

여자는 에어컨에서 냄새가 나서 이번 주에 에어컨을 청소하면 좋겠다고 생각한다.

The woman thinks it would be good to clean the air conditioner this week because it smells.

24. ③

남자: 카페에서 공부하면 사람들의 소리 때문에 힘들지 않아요?
여자: 저는 조용한 도서관보다 조금 시끄러운 카페에서 공부가 더 잘 돼요.
남자: 그래요? 그래서 카페에서 공부하는 사람들이 많군요.
여자: 요즘에 공부할 수 있는 카페가 많아서 좋아요.

풀이

여자는 도서관보다 조금 시끄러운 카페에서 공부하는 것이 좋다고 생각한다.

The woman thinks it is better to study in a cafe that is a little noisy than in a library.

[25~26]

여자: (딩동댕) 승객 여러분, 안녕하십니까? 이 기차는 서울을 출발하여 부산으로 가는 기차입니다. 기차 안에서는 담배를 피울 수 없습니다. 전화하실 때는 조용한 소리로 해 주십시오. 8호차는 식당차입니다. 간단한 식사와 음료가 준비되어 있습니다. 감사합니다. (딩동댕)

25. ④

풀이

여자는 기차에서의 주의 사항과 식당차 등 기차 이용에 대해 안내하고 있다.

The woman is giving guidance on precautions on the train, the dining car, etc.

26. ②

풀이

① 기차에서 조용히 전화할 수 있습니다.
② 기차에서 식사할 수 있습니다.
③ 기차 안에서 담배를 피우면 안 됩니다.
④ 이 기차는 부산으로 가는 기차입니다.

① You can make quiet phone calls on the train.
② You can eat on the train.
③ You cannot smoke on the train.
④ This train is a train to Busan.

[27~28]

여자: 민수 씨는 날마다 운동을 해요?
남자: 네. 보통 6시에 일어나서 바로 운동을 해요. 운동을 한 후에 출근을 해요.
여자: 아침에 운동을 하면 힘들지 않아요?
남자: 처음에는 힘들었지만 계속 하니까 이젠 괜찮아요. 수미 씨는 언제 운동을 해요?
여자: 저는 퇴근한 후에 회사 근처에 있는 헬스장에서 운동을 해요.
남자: 저는 저녁 약속이 많아서 퇴근한 후에는 운동하기가 힘들어요.

27. ②

풀이

두 사람은 운동하는 시간에 대해서 이야기하고 있다.

The two are talking about exercise time.

28. ①

풀이

① 여자는 퇴근한 후에 운동합니다.
② 여자는 보통 회사 근처에 있는 헬스장에서 운동합니다.
③ 남자는 아침에 운동하는 것이 힘들었지만 지금은 괜찮습니다.
④ 남자는 6시에 일어나서 운동하고 회사에 갑니다.

① The woman exercises after work.
② The woman usually works out at a gym near her company.
③ The man had a hard time exercising in the morning, but now he's fine.
④ The man wakes up at 6, exercises, and goes to work.

[29~30]

> 여자: 여행 유튜버 김민수 씨, 요즘 김민수 씨의 유튜브가 정말 인기가 많아요.
> 남자: 네. 많은 사람들이 좋아해 주셔서 감사합니다.
> 여자: 모두가 취직하고 싶어 하는 회사를 그만두고 어떻게 여행 유튜버가 되셨어요?
> 남자: 회사 생활이 행복하지도 않고 재미있지도 않았어요. 그래서 내가 좋아하는 것이 무엇인지를 생각해 봤는데 여행이었어요.
> 여자: 여행 유튜버는 돈을 많이 벌 수 있어요?
> 남자: 그렇지 않아요. 저는 이 일을 시작한 지 5년이 되었는데 작년부터 조금씩 돈을 벌기 시작했어요. 4년 동안은 돈을 벌 수 없었지요. 그래도 제가 여행을 정말 좋아하니까 계속 할 수 있었어요.

29. ②

풀이

남자는 여행을 좋아해서 여행 유튜브를 시작했다.

The man started a travel YouTube because he likes to travel.

30. ②

풀이

① 남자는 회사 생활이 행복하지 않았습니다.
② 남자는 회사에 다닌 적이 있습니다.
③ 남자는 5년 전에 유튜브를 시작했습니다.
④ 남자는 처음에는 유튜브로 돈을 벌 수 없었습니다.

① The man was not happy with his company life.
② The man has worked for a company.
③ The man started YouTube 5 years ago.
④ The man couldn't make money from YouTube at first.

읽기 정답 및 풀이

31	④	32	②	33	①	34	②	35	②
36	③	37	③	38	②	39	②	40	④
41	③	42	②	43	③	44	③	45	④
46	①	47	③	48	①	49	②	50	④
51	①	52	③	53	③	54	③	55	④
56	③	57	②	58	④	59	②	60	①
61	②	62	③	63	②	64	④	65	③
66	①	67	①	68	④	69	③	70	③

31. ④

풀이

음식에 대한 설명이다.

This is an explanation of food.

32. ②

풀이

공부에 대한 설명이다.

This is an explanation of studying.

33. ①

풀이

계절에 대한 설명이다.

This is an explanation of the seasons.

34. ②

풀이

'음악을'은 '듣습니다'와 같이 사용한다.

'음악을' is used with '듣습니다'.

35. ②

풀이

'운동'과 관계있는 것은 '농구'이다.

What is related to '운동' is '농구'.

36. ③

풀이

'의사'와 관계있는 것은 '환자를 봅니다'이다.

What is related to '의사' is '환자를 봅니다'.

37. ③

풀이

'책이 많지 않습니다'와 관계있는 것은 '가볍습니다'이다.

What is related to '책이 많지 않습니다' is '가볍습니다'.

38. ②

풀이

'배가 고픕니다'와 관계있는 것은 '점심을 아직 못 먹었습니다'이다.

What is related to '배가 고픕니다' is '점심을 아직 못 먹었습니다'.

39. ②

풀이

'숙제를 합니다'와 관계있는 것은 장소를 나타내는 조사 '에서'이다.

What is related to '숙제를 합니다' is the particle '에서' indicating a place.

40. ④

> 풀이

이것은 '과자'이다.

This is a 'snack'.

41. ③

> 풀이

전시회에서 꽃 사진을 구경한다.

I view flower photos at the exhibition.

42. ②

> 풀이

수미 씨는 주말에 놀이공원에 처음 갔다.

Sumi went to the amusement park for the first time on the weekend.

43. ③

> 풀이

나는 오늘 친구와 우리 집에서 한국 드라마를 볼 것이다.

I will watch a Korean drama with my friend at my house today.

44. ③

> 풀이

나는 오늘 택시를 타고 학교에 갔다.

I went to school by taxi today.

45. ④

> 풀이

나는 음식을 주문해서 친구와 같이 먹었다.

I ordered food and ate it with my friend.

46. ①

> 풀이

매일 일찍 일어나서 운동을 할 거라는 내용이다.

The content is that I will wake up early every day and exercise.

47. ③

> 풀이

이번 겨울에 스키를 배워서 친구들과 같이 탔으면 좋겠다는 내용이다.

The content is that I want to learn to ski this winter and ride with my friends.

48. ①

> 풀이

빨래방까지 옷을 들고 가기가 힘들어서 세탁기를 사려고 한다는 내용이다.

The content is that it is difficult to carry clothes to the laundromat, so I am going to buy a washing machine.

49. ②

> 풀이

앞에 있는 문장이 뒤에 있는 문장의 이유를 나타내는 '그래서'를 사용한다.

'그래서' is used to indicate that the preceding sentence is the reason for the following sentence.

50. ④

> 풀이

나는 영어로 이야기하는 수업을 자주 한다.

I often have classes where I speak in English.

51. ①

풀이

동작을 나열하고 선택을 나타내는 '-거나'를 사용한 '사거나'가 와야 한다.

You should use '사거나' using '-거나', which lists actions and indicates choices.

52. ③

풀이

축제에서 여러 나라의 음식을 먹어 보고 특별한 날에 먹는 음식을 구경하고 음식을 만들어 볼 수 있다는 내용이다.

The content is that you can try food from different countries at the festival, see food eaten on special days, and try making food.

53. ③

풀이

앞의 동작을 한 후에 뒤의 동작이 있음을 나타내는 '-고 나서'를 사용한 '받고 나서'가 와야 한다.

You should use '받고 나서' using '-고 나서', which indicates that the next action occurs after the previous action.

54. ③

풀이

나는 이가 아파서 치과에 가서 치료받았다는 내용이다.

The content is that I had a toothache, so I went to the dentist and got treatment.

55. ④

풀이

하루 200명까지 무료로 점심을 먹을 수 있어서 많은 사람들이 이곳을 이용한다는 내용이다.

The content is that many people use this place because up to 200 people can eat lunch for free a day.

56. ③

풀이

이 식당에서는 점심시간에만 식사를 할 수 있다는 내용이다.

The content is that you can only eat at this restaurant during lunchtime.

57. ②

풀이

시간이 없어서 택시를 탔는데 길이 막혀서 시간이 더 걸렸고 교실까지 뛰어갔는데 수업이 시작되지 않아서 다행이었다는 내용이다.

The content is that I took a taxi because I didn't have time, but it took longer because of traffic, so I ran to the classroom, but luckily the class hadn't started yet.

58. ④

풀이

날씨가 추워지거나 더워지면 감기에 걸리는 사람이 많은데 감기에 걸리지 않으려면 손으로 코나 입을 만지지 않고 비누로 손을 깨끗하게 씻는 것이 중요하다는 내용이다.

The content is that when the weather gets cold or hot, many people catch a cold. To avoid catching a cold, it is important not to touch your nose or mouth with your hands and to wash your hands thoroughly with soap.

59. ②

풀이

나는 여행과 운동을 좋아하고 사진을 찍는 것도 좋아한다는 내용이다. '그리고'는 앞의 내용에 뒤의 내용을 더할 때 사용한다.

The content is that I like to travel and exercise, and I also like to take pictures. '그리고' is used when adding the following content to the preceding content.

60. ①

풀이

나는 여행하는 것, 운동하는 것, 사진을 찍는 것을 좋아한다는 내용이다.

The content is that I like to travel, exercise, and take pictures.

61. ②

풀이

교통이 복잡하고 사람이 많은 도시에서 사는 게 힘들어서 조용한 시골 생활이 그리웠다는 내용이다.

The content is that it was difficult to live in a city with complicated traffic and many people, so I missed the quiet country life.

62. ③

풀이

처음에는 도시에 사는 게 힘들었지만 지금은 도시의 생활이 편하고 재미있다는 내용이다.

The content is that it was difficult to live in the city at first, but now city life is comfortable and fun.

63. ②

풀이

노래 동아리 공연에 관심과 신청을 바란다는 내용이다.

The content is that we hope you are interested in and apply for the singing club performance.

64. ④

풀이

이 공연을 보려면 4월 5일 금요일까지 이메일로 신청해야 한다는 내용이다.

The content is that you must apply by email by Friday, April 5th, to watch this performance.

65. ③

풀이

음악이 운동을 더 잘 할 수 있게 도와주기 때문에 운동을 할 때 신나는 음악을 듣는다는 내용이다.

The content is that I listen to exciting music when I exercise because music helps me exercise better.

66. ①

풀이

음악이 사람들의 마음을 편하게 만든다는 내용이다.

The content is that music makes people feel comfortable.

67. ①

풀이

땀이 몸의 열을 내려가게 하기 때문에 날씨가 더울 때나 운동을 할 때 땀이 많이 난다는 내용이다.

The content is that you sweat a lot when the weather is hot or when you exercise because sweat lowers your body heat.

68. ④

풀이

땀을 많이 흘리면 몸 안에 물이 부족해지기 때문에 물을 자주 마셔야 한다는 내용이다.

The content is that if you sweat a lot, your body lacks water, so you need to drink water often.

69. ③

풀이

길에서 몸이 불편한 할머니를 보고 도와드리기로 했다는 내용이다.

The content is that I saw a grandmother who was having a hard time on the street and decided to help her.

70. ③

풀이

할머니를 도와드린 이야기를 들은 선생님과 친구들이 안아 주고 박수를 치면서 칭찬해 주었다는 내용이다.

The content is that the teacher and friends who heard the story of helping the grandmother hugged me, clapped, and praised me.

제4회 실전 모의고사 정답 및 풀이 4th Practice test answer & explanation

듣기 정답 및 풀이

1	①	2	②	3	④	4	②	5	①
6	④	7	③	8	④	9	③	10	②
11	④	12	②	13	②	14	①	15	③
16	④	17	②	18	②	19	④	20	①
21	②	22	④	23	①	24	②	25	①
26	④	27	③	28	②	29	③	30	②

1. ①

남자: 미국 사람이에요?

풀이

'미국 사람이에요?'라는 질문에는 '네. 미국 사람이에요.' 또는 '아니요. 미국 사람이 아니에요.'라는 대답이 좋다.

To the question '미국 사람이에요?', the answers '네. 미국 사람이에요.' or '아니요. 미국 사람이 아니에요.' are good.

2. ②

여자: 학교에 가요?

풀이

'학교에 가요?'라는 질문에는 '네. 학교에 가요.' 또는 '아니요. 학교에 가지 않아요.'라는 대답이 좋다.

To the question '학교에 가요?', the answers '네. 학교에 가요.' or '아니요. 학교에 가지 않아요.' are good.

3. ④

남자: 주말에 뭘 할 거예요?

풀이

'주말에 뭘 할 거예요?'라는 질문에는 주말에 할 일을 말해야 한다.

When asked '주말에 뭘 할 거예요?', you should say what you are going to do on the weekend.

4. ②

여자: 오늘이 며칠이에요?

풀이

'오늘이 며칠이에요?'라는 질문에는 날짜를 말해야 한다.

When asked '오늘이 며칠이에요?', you should say the date.

5. ①

남자: 제가 도와줄게요.

> **풀이**

'제가 도와줄게요.'라는 말에는 '고마워요.'라는 감사의 대답이 좋다.

'제가 도와줄게요.' is a good response with gratitude, such as '고마워요.'

6. ④

> 여자: 처음 뵙겠습니다.

> **풀이**

'처음 뵙겠습니다.'는 처음 만났을 때 하는 인사말이다. '만나서 반갑습니다.'라는 대답이 좋다.

'처음 뵙겠습니다.' is a greeting when you meet someone for the first time. '만나서 반갑습니다.' is a good answer.

7. ③

> 남자: 뭘 드릴까요?
> 여자: 사과 5개 주세요.

> **풀이**

과일 가게에서 여자가 사과를 사면서 하는 대화이다.

This is a conversation a woman has while buying apples at a fruit store.

8. ④

> 여자: 어떻게 해 드릴까요?
> 남자: 머리를 짧게 잘라 주세요.

> **풀이**

두 사람이 미용실에서 대화하고 있다.

Two people are talking at the hair salon.

9. ③

> 남자: 사장님을 뵙고 싶은데요.
> 여자: 약속하셨어요?

> **풀이**

회사에서 사장님을 만나러 온 남자와 여자 직원이 이야기하고 있다.

A man who came to see the president at the company and a female employee are talking.

10. ②

> 여자: 여기에 자주 오세요?
> 남자: 네. 친구들과 축구하러 자주 와요.

> **풀이**

두 사람이 운동장에서 이야기하고 있다.

Two people are talking on the playground.

11. ④

> 남자: 저는 22살이에요.
> 여자: 그래요? 저는 25살이에요.

> **풀이**

두 사람이 나이에 대해서 이야기하고 있다. '__살'은 나이와 관계있는 표현이다.

The two are talking about age. '__살' is an expression related to age.

12. ②

> 여자: 생일이 언제예요?
> 남자: 5월 30일이에요.

> **풀이**

두 사람이 날짜에 대해서 이야기하고 있다. '언제', '__월 __일'은 날짜와 관계있는 표현이다.

The two are talking about the date. '언제', '__월 __일' are expressions related to dates.

13. ②

남자: 내일 도서관 앞에서 만날까요?
여자: 아니요. 학교 정문에서 만나요.

풀이

두 사람이 내일 만날 장소에 대해서 이야기하고 있다. '도서관', '정문'은 장소와 관계있는 표현이다.

The two are talking about where to meet tomorrow. '도서관', '정문' are expressions related to places.

14. ①

여자: 요즘 이 가수의 노래가 인기가 많아요.
남자: 노래가 정말 좋네요.

풀이

두 사람은 음악에 대해서 이야기하고 있다. '노래'는 음악과 관계있는 표현이다.

The two are talking about music. '노래' is an expression related to music.

15. ③

남자: 어서 오세요. 손님, 어디로 가세요?
여자: 시청 앞으로 가 주세요.

풀이

택시에서 여자가 운전기사에게 목적지를 말하고 있다.

In a taxi, a woman is telling the driver her destination.

16. ④

여자: 방은 702호입니다. 아침은 6시부터 드실 수 있습니다.
남자: 감사합니다. 엘리베이터는 어디에 있어요?

풀이

호텔 안내데스크에서 여자 직원이 남자 손님에게 호텔 방과 아침 식사를 안내하는 대화이다.

This is a conversation where a female employee guides a male guest about hotel rooms and breakfast at the hotel information desk.

17. ②

여자: 민수 씨, 휴가 계획이 있어요?
남자: 친구들과 제주도에 여행을 갈 거예요. 수미 씨는 계획이 있어요?
여자: 저는 집에서 쉬려고 해요. 보고 싶은 드라마도 보고요.

풀이

① 남자는 제주도에 여행을 갈 겁니다.
② 여자는 휴가 때 집에서 쉴 겁니다.
③ 여자는 제주도에 가지 않습니다.
④ 남자는 친구들과 같이 휴가를 보낼 겁니다.

① The man will travel to Jeju Island.
② The woman will rest at home during vacation.
③ The woman does not go to Jeju Island.
④ The man will spend the holidays with his friends.

18. ②

남자: 여자 친구 생일 선물을 사려고 하는데요.
여자: 이 목걸이는 어때요? 요즘 여자들에게 인기가 많아요.
남자: 예뻐요. 이걸로 주세요. 얼마예요?
여자: 5만 원이에요. 아마 여자 친구가 좋아할 거예요.

풀이

① 이 목걸이가 여자들에게 인기가 많습니다.
② 남자는 여자 친구에게 선물을 줄 겁니다.
③ 여자는 남자에게 목걸이를 팔고 있습니다.
④ 여자는 목걸이를 파는 가게에서 일하고 있습니다.

① This necklace is popular with women.
② The man will give a gift to his girlfriend.
③ The woman is selling a necklace to a man.
④ The woman works at a store that sells necklaces.

19. ④

남자: 이번 토요일에 한강 공원에서 자전거를 탈래요?
여자: 오전에는 아르바이트가 있어요. 오후에는 시간이 있어요.
남자: 그럼 오후 4시에 만날까요? 자전거를 타고 저녁을 먹어요.
여자: 좋아요. 제가 자전거를 잘 못 타니까 가르쳐 주세요.

풀이

① 여자는 자전거를 잘 못 탑니다.
② 남자는 여자와 같이 자전거를 타고 싶어 합니다.
③ 남자는 토요일 오후에 여자를 만날 겁니다.
④ 여자는 토요일에 남자와 저녁을 먹을 겁니다.

① The woman is not good at riding a bicycle.
② The man wants to ride a bicycle with the woman.
③ The man will meet the woman on Saturday afternoon.
④ The woman will have dinner with the man on Saturday.

20. ①

여자: 이 식당은 무슨 음식이 제일 맛있어요?
남자: 불고기가 정말 맛있어요. 냉면도 맛있어요.
여자: 저는 냉면을 아주 좋아해요. 그럼, 불고기와 냉면을 시킬까요?
남자: 네. 좋아요. 여기요. 불고기 2인분하고 냉면 두 개 주세요.

풀이

① 여자는 한식집에 있습니다.
② 남자는 식당에서 불고기를 먹습니다.
③ 남자는 이 식당에 온 적이 있습니다.
④ 여자는 냉면을 좋아합니다.

① The woman is at a Korean restaurant.
② The man eats bulgogi at a restaurant.
③ The man has been to this restaurant before.
④ The woman likes naengmyeon.

21. ②

남자: 이번 주말에 친구들과 여행을 가지요? 여행 준비는 다 했어요?
여자: 아직요. 처음 가는 해외여행이라서 무엇을 준비해야 할지 잘 모르겠어요.
남자: 소화제나 해열제 같은 약을 가지고 가면 좋을 것 같아요.
여자: 그렇군요. 오늘 약국에 가서 필요한 약을 좀 사야겠어요.

풀이

① 여자는 필요한 약을 준비할 겁니다.
② 여자는 해외여행을 간 적이 없습니다.
③ 여자는 친구들과 여행을 갈 겁니다.
④ 여자는 오늘 약국에서 필요한 약을 살 겁니다.

① The woman will prepare the necessary medicine.
② The woman has never traveled abroad.
③ The woman will travel with her friends.
④ The woman will buy the necessary medicine at the pharmacy today.

22. ④

여자: 마이클 씨, 무슨 걱정이 있어요?
남자: 네. 날마다 도서관에서 공부하는데도 말하기 실력이 좋아지지 않아요.
여자: 한국 친구를 사귀는 게 어때요? 같이 이야기하면 도움이 될 거예요.
남자: 좋아요. 한국 친구를 소개해 주시겠어요?

풀이

여자는 한국 친구와 같이 이야기하면 말하기 실력이 좋아진다고 생각한다.

The woman thinks that her speaking skills will improve if she talks with Korean friends.

23. ①

여자: 비가 많이 오네요. 내일 제주도 여행이 괜찮을까요?
남자: 일기예보를 봤는데 제주도에는 비가 많이 오지 않는다고 해요.
여자: 그래도 취소하는 게 좋지 않을까요?
남자: 비가 와도 재미있을 거예요. 너무 걱정하지 마세요.

풀이

여자는 비가 많이 오니까 제주도 여행을 취소하는 것이 좋다고 생각한다.

The woman thinks it would be good to cancel the trip to Jeju Island because it is raining heavily.

24. ②

남자: 어제 갑자기 회사 일이 생겨서 동창회에 못 갔어요.
여자: 많이 기다렸어요. 오지 못하면 전화를 해야지요.
남자: 너무 정신이 없었어요. 정말 미안해요.
여자: 연락이 되지 않아서 모두들 많이 걱정했어요.

풀이

여자는 모임에 오지 못할 경우 연락을 해야 한다고 생각한다.

The woman thinks that if he cannot come to the meeting, he should contact her.

[25~26]

여자: (딩동댕) 잠시 안내 말씀드립니다. 조금 전에 8층 식당가에서 지갑을 잃어버렸습니다. 까만색 남자 지갑입니다. 지갑에 카드와 신분증이 들어 있습니다. 지갑을 주우신 분은 1층 고객 센터로 가져다 주시기 바랍니다. 감사합니다. (딩동댕)

25. ①

풀이

여자는 잃어버린 지갑을 찾으려고 방송하고 있다.

The woman is broadcasting to find lost wallet.

26. ④

풀이

① 이 지갑은 남자 지갑입니다.
② 고객 센터는 1층에 있습니다.
③ 식당가에서 지갑을 잃어버렸습니다.
④ 지갑에 신분증이 들어 있습니다.

① This wallet is a man's wallet.
② The customer center is on the first floor.
③ Lost wallet is in the restaurant area.
④ There is an ID card in the wallet.

[27~28]

여자: 민수 씨, 여기에서 서울역까지 어떻게 가요?
남자: 버스를 타도 되고 지하철을 타도 돼요. 지금 퇴근 시간이니까 지하철을 타는 게 좋겠네요.
여자: 네. 알겠어요. 지하철은 몇 호선을 타야 해요?
남자: 2호선을 타고 가다가 시청역에서 1호선으로 갈아타세요.
여자: 서울역까지 얼마나 걸릴까요?
남자: 아마 30분쯤 걸릴 거예요.

27. ③

풀이

두 사람은 서울역에 가는 방법에 대해서 이야기하고 있다.

The two are talking about how to get to Seoul Station.

28. ②

풀이

① 여자는 서울역에 가려고 합니다.
② 여자는 지하철을 갈아탈 겁니다.
③ 여자는 2호선을 타고 갈 겁니다.
④ 서울역까지 30분쯤 걸립니다.

① The woman is going to Seoul Station.
② The woman will change trains.
③ The woman will take line 2.
④ It takes about 30 minutes to get to Seoul Station.

[29~30]

여자: 만화가 김민수 씨, 어떻게 만화를 그리게 되셨어요?
남자: 저는 어렸을 때 공부도 잘하지 못하고 친구들도 별로 없었어요. 그런데 제가 만화를 그리면 친구들이 너무 좋아하는 거예요.
여자: 어렸을 때는 어떤 만화를 그리셨어요?
남자: 지금은 아니지만 그때는 만화 영화의 주인공을 많이 그렸어요. 친구들이 만화 영화의 주인공을 좋아했어요. 친구들을 사귀고 싶어서 친구들이 좋아하는 만화를 그렸지요.
여자: 앞으로의 계획은 무엇입니까?
남자: 어린이들에게 꿈과 희망을 줄 수 있는 만화 영화를 만들어 보고 싶어요.

29. ③

풀이

남자는 친구들을 사귀고 싶어서 친구들이 좋아하는 만화를 그렸다.

The man drew cartoons that his friends liked because he wanted to make friends.

30. ②

풀이

① 남자는 만화를 그리는 사람입니다.
② 남자는 어릴 때부터 만화를 그렸습니다.
③ 남자는 만화 영화를 만들고 싶어 합니다.
④ 남자는 어렸을 때 만화 영화 주인공을 그렸습니다.

① The man is a cartoonist.
② The man has been drawing cartoons since he was young.
③ The man wants to make a cartoon movie.
④ The man drew cartoon characters when he was young.

읽기   정답 및 풀이

31	②	32	③	33	④	34	①	35	③
36	②	37	④	38	③	39	②	40	①
41	③	42	④	43	②	44	③	45	①
46	④	47	④	48	②	49	①	50	④
51	③	52	②	53	③	54	②	55	④
56	②	57	④	58	④	59	③	60	③
61	③	62	③	63	③	64	②	65	①
66	②	67	③	68	③	69	③	70	②

31. ②
풀이

직업에 대한 설명이다.

This is an explanation of a job.

32. ③
풀이

주문에 대한 설명이다.

This is an explanation of an order.

33. ④
풀이

위치에 대한 설명이다.

This is an explanation of the location.

34. ①
풀이

'옷을'은 '입습니다'와 같이 사용한다.

'옷을' is used with '입습니다'.

35. ③
풀이

'요리'와 관계있는 것은 '음식'이다.

What is related to '요리' is '음식'.

36. ②
풀이

'옷 가게 직원'과 관계있는 것은 '팝니다'이다.

What is related to '옷 가게 직원' is '팝니다'.

37. ④
풀이

'학생이 없습니다'와 관계있는 것은 '조용합니다'이다.

What is related to '학생이 없습니다' is '조용합니다'.

38. ③
풀이

'쇼핑을 좋아합니다'와 관계있는 것은 '시장에 자주 갑니다'이다.

What is related to '쇼핑을 좋아합니다' is '시장에 자주 갑니다'.

39. ②
풀이

'일곱 시'와 관계있는 것은 '에'이다.

What is related to '일곱 시' is '에'.

40. ①

풀이

이 주스는 '채소 맛'이다.

This juice is 'vegetable flavor'.

41. ③

풀이

여러 나라의 노래를 연습한다.

We practice songs from several countries.

42. ④

풀이

민수 씨는 수미 씨 집에 갈 것이다.

Minsu will go to Sumi's house.

43. ②

풀이

나는 여름에 친구들과 바다에서 수영을 할 것이다.

I will swim in the sea with my friends in the summer.

44. ③

풀이

나는 어제 친구에게 생일 선물로 줄 케이크를 만들었다.

I made a cake yesterday to give to my friend as a birthday present.

45. ①

풀이

오늘은 주말이 아니었지만 사람이 많았다.

It wasn't a weekend today, but there were a lot of people.

46. ④

풀이

같이 놀고 같이 공부할 수 있는 한국 친구를 사귀고 싶다는 내용이다.

The content is that I want to make Korean friends who can play and study together.

47. ④

풀이

대학교를 졸업하면 한국 회사에서 일하고 싶다는 내용이다.

The content is that when I graduate from university, I want to work for a Korean company.

48. ②

풀이

먹고 싶은 음식을 만들어서 먹었으면 좋겠다는 내용이다.

The content is that I hope I can make and eat the food I want to eat.

49. ①

풀이

'기분이 좋아지다'와 '마음이 편하다'는 모두 긍정적인 내용이므로 앞에 있는 문장에 내용을 더하는 '좋아지고'를 사용한다.

Since '기분이 좋아지다' and '마음이 편하다' are both positive, '좋아지고' is used to add to the previous sentence.

50. ④

풀이

친구들은 내가 그린 그림을 선물로 받고 좋아한다.

Friends like to receive the pictures I drew as gifts.

51. ③

풀이

두 개의 동작이 동시에 있음을 나타내는 '-으면서'를 사용한 '걸으면서'가 와야 한다.

You should use '걸으면서' using '-으면서', which indicates that two actions occur simultaneously.

52. ②

풀이

이 대회는 공원에서 출발하고 시장과 시청을 지나서 박물관 앞에서 끝난다는 내용이다.

The content is that this competition starts at the park, passes through the market and city hall, and ends in front of the museum.

53. ③

풀이

앞의 동작을 하기 전에 뒤의 동작이 있음을 나타내는 '-기 전에'를 사용한 '하기 전에'가 와야 한다.

You should use '하기 전에' using '-기 전에', which indicates that the next action occurs before the previous action.

54. ②

풀이

나는 오늘 밖에 나가지 않고 집에서 공부를 했다는 내용이다.

The content is that I did not go out today and studied at home.

55. ④

풀이

김치를 만들어 볼 수 있는 김치 교실이 인기가 많다는 내용이다.

The content is that kimchi classes where you can try making kimchi are very popular.

56. ②

풀이

김치를 팔아서 많은 돈을 번 식품 회사가 김치 박물관을 만들었다는 내용이다.

The content is that a food company that made a lot of money selling kimchi created a kimchi museum.

57. ④

풀이

친구와 그림을 보러 미술관에 가려고 학교 앞에서 버스를 탔는데 빈 자리가 없어서 서서 갔고 안내방송을 듣고 내렸다는 내용이다.

The content is that I took a bus in front of the school to go to the art museum to see a painting with a friend, but there were no empty seats, so I stood and got off after listening to the announcement.

58. ④

풀이

우리는 휴대전화로 통화를 하거나 문자메시지와 이메일을 주고받고 사진을 찍거나 정보를 찾을 수 있어서 컴퓨터가 없어도 불편하지 않다는 내용이다.

The content is that we can make calls, send text messages and emails, take pictures, and search for information with our mobile phones, so it is not inconvenient even without a computer.

59. ③

풀이

학교에 갈 때 걸어서 다니면 운동이 되어 건강이 좋아지고 이것저것 구경하는 재미도 있다는 내용이다. '그리고'는 앞의 내용에 뒤의 내용을 더할 때 사용한다.

The content is that if you walk to school, you can exercise, so you become healthier, and it is also fun to look around. '그리고' is used when adding the following content to the preceding content.

60. ③

풀이

나는 운동을 할 시간이 없어서 요즘 걸어서 학교에 다닌다는 내용이다.

The content is that I don't have time to exercise, so I walk to school these days.

61. ③

풀이

지금은 시간이 없거나 돈이 없어서 쉽게 여행을 할 수 없는 사람들이 방송을 보면서 즐긴다는 내용이다.

The content is that people who cannot easily travel because they do not have time or money these days enjoy watching broadcasts.

62. ③

풀이

요즘 외국에서 여행하는 경험을 소개하는 방송 프로그램이 많다는 내용이다.

The content is that there are many broadcasting programs that introduce travel experiences from abroad these days.

63. ③

풀이

두 교실에서 수업을 한다는 것을 안내하는 내용이다.

The content is to guide that classes are held in two classrooms.

64. ②

풀이

이 수업은 신청한 학생이 많다는 내용이다.

The content is that many students have applied for this class.

65. ①

풀이

소금이 우리 몸에서 없어서는 안 되는 것이기 때문에 꼭 먹어야 한다는 내용이다. 의무를 나타내는 '-어야 합니다'를 사용한 '먹어야 합니다'가 와야 한다.

The content is that salt must be eaten because it is essential for our body. You should use '먹어야 합니다' using '-어야 합니다', which indicates an obligation.

66. ②

풀이

소금은 우리 몸에 꼭 필요하기 때문에 반드시 먹어야 한다는 내용이다.

The content is that salt is essential for our body, so we must eat it.

67. ③

풀이

스마트폰을 사용하지 않으면 친구를 사귀기도 어렵고 회사생활도 할 수 없다는 내용이다.

The content is that if you don't use a smartphone, it is difficult to make friends and you cannot live a company life.

68. ③

풀이

스마트폰을 오래 사용하면 목이 아프거나 눈이 나빠진다는 내용이다.

The content is that if you use a smartphone for a long time, your neck will hurt or your eyes will go bad.

69. ③

풀이

나는 울고 있는 아이에게 과자를 주었고 과자를 받은 아이는 금방 얼굴이 밝아졌다는 내용이다.

The content is that I gave a snack to a crying child, and the child who received the snack soon brightened up.

70. ②

인형에 그림을 그린 아이도 그림 때문에 우는 아이도 모두 귀여웠다는 내용이다.

The content is that both the child who drew on the doll and the child who cried because of the drawing were cute.

제5회 실전 모의고사 정답 및 풀이 5th Practice test answer & explanation

듣기 정답 및 풀이

1	④	2	③	3	①	4	②	5	②
6	②	7	④	8	③	9	③	10	①
11	④	12	①	13	④	14	②	15	②
16	③	17	③	18	①	19	④	20	③
21	③	22	①	23	②	24	③	25	③
26	④	27	②	28	③	29	①	30	④

1. ④

남자: 가족사진이에요?

풀이

'가족사진이에요?'라는 질문에는 '네. 가족사진이에요.' 또는 '아니요. 가족사진이 아니에요.'라는 대답이 좋다.

To the question '가족사진이에요?', the answers '네. 가족사진이에요.' or '아니요. 가족사진이 아니에요.' are good.

2. ③

여자: 기숙사가 멀어요?

풀이

'기숙사가 멀어요?'라는 질문에는 '네. 기숙사가 멀어요.' 또는 '아니요. 기숙사가 가까워요.'의 대답이 좋다.

To the question '기숙사가 멀어요?', the answers '네. 기숙사가 멀어요.' or '아니요. 기숙사가 가까워요.' are good.

3. ①

남자: 언제 점심을 먹었어요?

풀이

'언제 점심을 먹었어요?'라는 질문에는 점심을 먹은 시간을 말해야 한다.

When asked '언제 점심을 먹었어요?', you should say what time you had lunch.

4. ②

여자: 맥주를 몇 잔 마셨어요?

풀이

'맥주를 몇 잔 마셨어요?'라는 질문에는 몇 잔을 마셨는지를 말해야 한다.

When asked '맥주를 몇 잔 마셨어요?', you should say how many glasses you drank.

5. ②

남자: 잘 있어요.

풀이

'잘 있어요.'는 헤어질 때 하는 인사말이다. '잘 가요.'라는 대답이 좋다.

'잘 있어요.' is a farewell greeting. '잘 가요.' is a good answer.

6. ②

여자: 문을 닫아 주십시오.

풀이

'문을 닫아 주십시오.'라는 지시의 말에는 '알겠습니다.'라는 대답이 좋다.

'문을 닫아 주십시오.' is an instruction, so '알겠습니다.' is a good answer.

7. ④

남자: 딸기 케이크 하나 주세요.
여자: 네, 잠시만 기다리세요.

풀이

빵집에서 딸기 케이크를 사러 온 손님과 점원이 이야기하고 있다.

A customer who came to buy a strawberry cake at a bakery and a clerk are talking.

8. ③

여자: 여기에 자주 와요?
남자: 네, 기숙사에 세탁기가 없어서 자주 와요.

풀이

두 사람이 빨래방에서 이야기하고 있다.

Two people are talking at the laundromat.

9. ③

남자: 여기에 서울역에 가는 버스가 있어요?
여자: 네, 450번 버스를 타세요.

풀이

두 사람이 버스 정류장에서 이야기하고 있다.

Two people are talking at the bus stop.

10. ①

여자: 무슨 책을 사러 왔어요?
남자: 소설책을 한 권 사려고요.

풀이

두 사람이 서점에서 이야기하고 있다.

Two people are talking at the bookstore.

11. ④

남자: 누구예요?
여자: 제 어머니와 아버지예요.

풀이

두 사람이 부모님에 대해서 이야기하고 있다. '어머니', '아버지'는 부모님과 관계있는 표현이다.

The two are talking about their parents. '어머니' and '아버지' are expressions related to parents.

12. ①

여자: 저는 비빔밥을 좋아해요.
남자: 저는 불고기를 제일 좋아해요.

풀이

두 사람이 좋아하는 음식에 대해서 이야기하고 있다. '비빔밥', '불고기'는 음식과 관계있는 표현이다.

The two are talking about their favorite food. '비빔밥' and '불고기' are expressions related to food.

13. ④

남자: 여름 방학에 뭐 할 거예요?
여자: 가족들과 여행을 갈 거예요.

> **풀이**

두 사람이 여름 방학 계획에 대해서 이야기하고 있다. '뭐 할 거예요?'는 계획과 관계있는 표현이다.

The two are talking about summer vacation plans. '뭐 할 거예요?' is an expression related to plans.

14. ②

> 여자: 수영을 자주 해요?
> 남자: 네. 농구도 가끔 해요.

> **풀이**

두 사람이 운동에 대해서 이야기하고 있다. '수영', '농구'는 운동과 관계있는 표현이다.

The two are talking about exercise. '수영' and '농구' are expressions related to exercise.

15. ②

> 남자: 이 장미꽃 20송이 포장해 주세요.
> 여자: 네. 잠시만 기다려 주세요.

> **풀이**

꽃집에서 남자가 장미꽃 20송이를 사면서 하는 대화이다.

This is a conversation a man has while buying 20 roses at a flower shop.

16. ③

> 여자: 오늘은 날씨가 너무 덥네요.
> 남자: 네. 우리 저기에 있는 카페에 들어갑시다.

> **풀이**

날씨가 더워서 카페에 들어가자고 하는 대화이다.

This is a conversation about going to a cafe because the weather is hot.

17. ③

> 여자: 민수 씨, 어디에 가요?
> 남자: 책을 빌리러 도서관에 가요. 수미 씨는요?
> 여자: 저는 친구와 커피를 마시러 카페에 가요.

> **풀이**

① 여자는 친구와 카페에 갑니다.
② 남자는 도서관에서 책을 빌릴 겁니다.
③ 여자는 커피를 마시고 싶어 합니다.
④ 남자는 책을 빌리러 도서관에 갑니다.

① The woman goes to a cafe with a friend.
② The man will borrow a book from the library.
③ The woman wants to drink coffee.
④ The man goes to the library to borrow a book.

18. ①

> 남자: 수미 씨, 지난 주말에 뭐 했어요?
> 여자: 토요일에 회사 근처로 이사를 했어요.
> 남자: 저도 회사가 멀어서 이사하고 싶어요. 이사가 힘들지 않았어요?
> 여자: 친구들이 도와줘서 별로 힘들지 않았어요.

> **풀이**

① 여자는 주말에 이사했습니다.
② 남자는 회사가 멀어서 이사하고 싶어 합니다.
③ 여자는 이사하는 것이 힘들지 않았습니다.
④ 여자의 친구들이 여자가 이사하는 것을 도와줬습니다.

① The woman moved on the weekend.
② The man wants to move because the company is far away.
③ It was not difficult for the woman to move.
④ The woman's friends helped her move.

19. ④

남자: 이번 주말에 영화 보러 갈까요?
여자: 좋아요. 무슨 영화를 볼까요?
남자: 요즘 인기 있는 공포 영화가 있어요. 영화를 본 친구들이 모두 좋았다고 했어요.
여자: 전 공포 영화를 좋아하지 않아요. 다른 영화를 봅시다.

풀이

① 여자는 공포 영화를 좋아하지 않습니다.
② 여자는 공포 영화를 보지 않을 겁니다.
③ 남자의 친구들이 공포 영화를 봤습니다.
④ 남자는 여자와 영화를 보고 싶어 합니다.

① The woman doesn't like horror movies.
② The woman will not watch a horror movie.
③ The man's friends watched a horror movie.
④ The man wants to watch a movie with the woman.

20. ③

여자: 여기에서 서울역에 어떻게 가요?
남자: 신촌역에서 2호선을 타고 가다가 시청역에서 1호선을 타세요.
여자: 신촌역이 좀 먼데 버스는 없어요?
남자: 472번 버스를 타면 돼요.

풀이

① 남자는 여자에게 서울역에 가는 방법을 가르쳐 주고 있습니다.
② 여자는 서울역에 가려고 합니다.
③ 여자는 버스를 타고 싶어 합니다.
④ 여자는 472번 버스를 탈 겁니다.

① The man is showing how to get to Seoul Station to woman.
② The woman is going to Seoul Station.
③ The woman wants to take the bus.
④ The woman will take bus number 472.

21. ③

남자: 달러를 한국 돈으로 환전하려고 하는데요. 오늘 환율이 어떻게 돼요?
여자: 지난주보다 환율이 좋지 않아요.
남자: 그럼, 오늘은 조금만 환전하고 다음 주에 다시 올게요.
여자: 얼마나 환전하시겠어요?

풀이

① 남자는 오늘 환전하려고 합니다.
② 여자는 오늘의 환율을 알고 있습니다.
③ 남자는 다음 주에 다시 올 겁니다.
④ 남자는 오늘 조금만 환전할 겁니다.

① The man is going to exchange money today.
② The woman knows today's exchange rate.
③ The man will come back next week.
④ The man will exchange only a small amount today.

22. ①

여자: 몸이 아픈데도 운동을 하러 가세요?
남자: 집에 있으니까 머리가 더 아픈 것 같아서요.
여자: 그래도 감기가 심한데 푹 쉬는 게 좋지 않아요?
남자: 가볍게 운동하고 올게요.

풀이

여자는 몸이 아플 때는 푹 쉬는 게 좋다고 생각한다.

The woman thinks it is good to rest well when you are sick.

23. ②

여자: 마이클 씨는 한국 친구가 많은 것 같아요.
남자: 네. 축구 동아리 친구들이 많아요.
여자: 저도 한국 친구가 있었으면 좋겠어요.
남자: 그래요? 그럼, 제가 소개해 줄게요.

여자는 한국 친구가 있었으면 좋겠다고 생각한다.

The woman wishes she had a Korean friend.

24. ③

남자: 이번 휴가는 차를 가지고 갈까요?
여자: 길이 복잡할 텐데 버스나 기차로 가는 게 좋을 것 같아요.
남자: 운전하는 것이 좀 피곤하겠지만 좀 더 자유롭고 편하게 여행할 수 있지 않을까요?
여자: 그렇긴 하지만 휴가 때는 고속도로가 너무 막히잖아요.

풀이

여자는 휴가 때에는 고속도로가 막히니까 버스나 기차로 가는 것이 좋다고 생각한다.

The woman thinks it is better to go by bus or train during vacation because the highway is blocked.

[25~26]

여자: (딩동댕) 안내 말씀드립니다. 오늘은 우리 마트가 문을 연 지 1년이 되는 날입니다. 그래서 특별한 행사를 준비했습니다. 오늘 하루 모든 과일을 50% 할인합니다. 생선은 30% 싸게 팝니다. 5만 원 이상 물건을 사는 손님께는 라면을 선물로 드립니다. 감사합니다. (딩동댕)

25. ③

풀이

여자는 마트 1주년 행사로 과일과 생선을 싸게 파는 것을 알리고 있다.

The woman is announcing that fruits and fish are being sold cheaply as part of the mart's 1st anniversary event.

26. ④

풀이

① 오늘 하루 행사를 합니다.
② 5만 원 이상 물건을 산 손님에게 라면을 줍니다.
③ 과일은 50%, 생선은 30% 싸게 팝니다.
④ 5만 원 이상 사면 라면을 선물로 받습니다.

① The event is held for one day today.
② Customers who purchase more than 50,000 won will receive ramen.
③ Fruits are 50% off and fish is 30% off.
④ If you buy more than 50,000 won, you will receive ramen as a gift.

[27~28]

여자: 오늘도 점심으로 편의점에서 산 김밥을 드세요?
남자: 네. 김밥을 별로 좋아하지 않지만 식당은 좀 멀고 비싸서요. 수미 씨는요?
여자: 저는 요즘 도시락을 싸 다녀요.
남자: 점심 식사 때문에 힘들어하는 직원들이 많은데 회사에 식당이 있었으면 좋겠어요.
여자: 구내식당이 있으면 점심시간도 절약할 수 있고 너무 좋을 것 같아요.
남자: 맞아요. 식비도 아낄 수 있고 여러 가지 좋은 점이 많을 것 같아요.

27. ②

풀이

두 사람은 회사에 식당이 있으면 좋은 점에 대해서 이야기하고 있다.

The two are talking about the advantages of having a restaurant in the company.

28. ③

풀이

① 남자는 김밥을 별로 좋아하지 않습니다.
② 남자는 보통 편의점에서 김밥을 사 먹습니다.

③ 여자는 점심에 도시락을 먹습니다.
④ 남자는 음식값이 비싸서 식당에 안 갑니다.

① The man doesn't like gimbap very much.
② The man usually buys gimbap at a convenience store.
③ The woman eats lunch boxes.
④ The man doesn't go to restaurants because the food is expensive.

[29~30]

여자: 김민수 씨, 세계에서 가장 높은 산에 오른 것을 축하합니다.
남자: 감사합니다. 함께 간 사람들의 도움을 정말 많이 받았습니다.
여자: 높은 산에 오르는 것은 위험하기도 하고 힘든 직업인데 어떻게 산악인이 되셨어요?
남자: 제가 어렸을 때는 몸이 약했어요. 그래서 주말마다 부모님과 등산을 다니기 시작했어요.
여자: 어린아이들은 산에 가는 것을 싫어하지 않아요?
남자: 맞아요. 그런데 저는 어렸을 때부터 산에 올라가면 기분이 좋아지는 거예요. 올라가는 것도 별로 힘들지 않았고요. 대학교 때는 등산 동아리에 들어서 방학 때마다 친구들과 등산했어요.

29. ①

풀이

남자는 어렸을 때 몸이 약해서 주말마다 부모님과 등산을 다니기 시작했다.

The man started hiking with his parents every weekend because he was weak when he was young.

30. ④

풀이

① 남자는 함께 간 사람들의 도움을 많이 받았습니다.
② 남자는 어렸을 때 몸이 약했습니다.
③ 남자는 어렸을 때부터 등산을 좋아했습니다.
④ 남자는 대학교 때 동아리 활동을 했습니다.

① The man received a lot of help from the people he went with.
② The man was weak when he was young.
③ The man has liked hiking since he was young.
④ The man was in a club in college.

읽기 　 정답 및 풀이

31	②	32	②	33	③	34	③	35	①
36	③	37	②	38	①	39	④	40	①
41	②	42	①	43	①	44	②	45	①
46	③	47	②	48	②	49	②	50	①
51	①	52	③	53	②	54	②	55	①
56	②	57	③	58	③	59	②	60	③
61	①	62	④	63	③	64	②	65	①
66	①	67	③	68	①	69	②	70	②

31. ②

풀이

채소에 대한 설명이다.

This is an explanation of vegetables.

32. ②

풀이

교통에 대한 설명이다.

This is an explanation of transportation.

33. ③

풀이

계획에 대한 설명이다.

This is an explanation of a plan.

34. ③

풀이

'한국말을'은 '배웁니다'와 같이 사용한다.

'한국말을' is used with '배웁니다'.

35. ①

풀이

'책'과 관계있는 것은 '소설'이다.

What is related to '책' is '소설'.

36. ③

풀이

'공무원'과 관계있는 것은 '일을 합니다'이다.

What is related to '공무원' is '일을 합니다'.

37. ②

풀이

'손님이 많습니다'와 관계있는 것은 '복잡합니다'이다.

What is related to '손님이 많습니다' is '복잡합니다'.

38. ①

풀이

'시험이 있습니다'와 관계있는 것은 '열심히 공부합니다'이다.

What is related to '시험이 있습니다' is '열심히 공부합니다'.

39. ④

풀이

'이름을 씁니다'와 관계있는 것은 '볼펜으로'이다.

What is related to '이름을 씁니다' is '볼펜으로'.

40. ①

풀이

이것은 '김밥'이다.

This is 'gimbap'.

41. ②

풀이

무료로 음악회를 본다.

You can watch a free music concert.

42. ①

풀이

수미 씨는 다음에 민수 씨와 같이 한식집에 간다.

Sumi goes to a Korean restaurant with Minsu next time.

43. ①

풀이

나는 친구들과 자주 게임을 한다.

I often play games with my friends.

44. ②

풀이

나는 오늘 학교에서 한국어 시험을 봤다.

I took a Korean test at school today.

45. ①

풀이

오늘은 주말이어서 나는 늦잠을 잤다.

I slept in late today because it was the weekend.

46. ③

풀이

한국 요리를 배워서 가족들에게 한국 음식을 만들어 주고 싶다는 내용이다.

The content is that I want to learn Korean food and cook Korean food for my family.

47. ②

풀이

한국어 시험을 잘 봐서 한국 대학교에 들어가고 싶다는 내용이다.

The content is that I want to get a good score on the Korean language test and enter a Korean university.

48. ②

풀이

아픈 사람도 도와주고 한국어도 공부할 수 있어서 병원 아르바이트를 좋아한다는 내용이다.

I like my part-time job at the hospital because I can help sick people and study Korean.

49. ②

풀이

앞에 있는 문장이 뒤에 있는 문장의 이유를 나타내는 '그래서'를 사용한다.

'그래서' is used to indicate that the preceding sentence is the reason for the following sentence.

50. ①

풀이

나는 혼자 있을 때 음악을 듣는다.

I listen to music when I am alone.

51. ①

풀이

동작을 나열하는 두 가지가 모두 있음을 나타내는 '-고'를 사용한 '일하고'가 와야 한다.

You should use '일하고' using '-고', which indicates that both of the two actions listed are present.

52. ③

풀이

영화제에서 외국인들의 문화를 이해하고 가까운 친구가 될 수 있다는 내용이다.

The content is that you can understand the culture of foreigners and become close friends at the film festival.

53. ②

풀이

앞의 동작과 뒤의 동작이 같은 시간에 있음을 나타내는 '-을 때'를 사용한 '도착했을 때'가 와야 한다.

You should use '도착했을 때' using '-을 때', which indicates that the previous action and the next action occur at the same time.

54. ②

풀이

나는 친구와 야구를 보면서 응원 노래도 부르고 춤도 췄다는 내용이다.

The content is that I watched baseball with my friend, sang cheering songs, and danced.

55. ①

풀이

걸어서 갈 수 있는 가까운 곳에 도서관이 있어서 편리하다는 내용이다.

The content is that it is convenient to have a library within walking distance.

56. ②

풀이

이 도서관에 영화관이 있어서 영화도 볼 수 있다는 내용이다.

The content is that there is a movie theater in this library, so you can also watch movies.

57. ③

풀이

백화점에 가서 옷과 모자를 샀는데 값이 비싸지 않았고 마음에 드는 것을 사서 기분이 좋았다는 내용이다.

The content is that I went to the department store and bought clothes and a hat, the price was not expensive, and I was happy to buy what I liked.

58. ③

풀이

'세계의사모임'은 의사가 부족한 곳에서 사람들이 보낸 돈으로 약을 사서 환자를 치료한다는 내용이다.

The content is that the 'World Doctors' Meeting' buys medicine with the money sent by people and treats patients in places where there is a shortage of doctors.

59. ②

풀이

처음에는 혼자 한국말을 공부했지만 지금은 대학교에서 한국말을 배운다는 내용이다. '하지만'은 앞의 내용과 뒤의 내용이 다를 때 사용한다.

The content is that I studied Korean by myself at first, but now I learn Korean at university. '하지만' is used when the previous content and the next content are different.

60. ③

풀이

나는 한국말을 공부한 지 1년 되었다는 내용이다.

The content is that I have been studying Korean for a year.

61. ①

풀이

회사일이 너무 힘들고 스트레스도 많아서 회사를 그만두고 자유롭게 여행을 했다는 내용이다.

The content is that I quit my job and traveled freely because my work was too hard and stressful.

62. ④

풀이

여행을 하면서 경험한 이야기를 썼고 지금은 그 이야기를 책으로 만들려고 준비하고 있다는 내용이다.

The content is that I wrote about my travel experiences and am now preparing to make it into a book.

63. ③

풀이

이번에 도서관이 문을 열었다는 것을 알려 주는 내용이다.

The content is to inform you that the library has opened this time.

64. ②

풀이

이 도서관은 일요일에 쉰다는 내용이다.

The content is that this library is closed on Sundays.

65. ①

풀이

어떤 색깔은 음식을 먹고 싶은 마음이 생기게 한다는 내용이다.

The content is that some colors make you want to eat food.

66. ①

풀이

색깔이 사람들의 기분을 바꾼다는 내용이다.

The content is that colors change people's mood.

67. ③

풀이

나무가 햇빛을 막아서 기온이 올라가지 않게 하기 때문에 시원하다는 내용이다.

The content is that it is cool because the trees block the sunlight and prevent the temperature from rising.

68. ①

풀이

나무는 더러운 공기를 깨끗하게 만든다는 내용이다.

The content is that trees clean dirty air.

69. ②

풀이

어머니가 보내 주신 음식이 며칠 동안 냉장고 안에 있다는 내용이다.

The content is that the food my mother sent me has been in the refrigerator for several days.

70. ②

풀이

어머니가 자주 고향 음식을 만들어서 보내 주신다는 내용이다.

The content is that my mother often cooks and sends me hometown food.

※ 실제 시험과 같이 OMR 답안지에 답안을 체크해 보세요.
　Practice filling out the OMR answer sheet as you would in a actual test.

한국어능력시험
듣기, 읽기

한국어능력시험
듣기, 읽기

한국어능력시험

듣기, 읽기

한국어능력시험
듣기, 읽기

한국어능력시험
듣기, 읽기

www.ingramcontent.com/pod-product-compliance
Lightning Source LLC
LaVergne TN
LVHW081549060526
838201LV00054B/1832